U0518560

知识产权

[日] 佐藤辰彦 著

北京林达刘知识产权代理事务所◎译

改变世界的力量

知识产权出版社

全国百佳图书出版单位

—北京—

图书在版编目（CIP）数据

知识产权：改变世界的力量/（日）佐藤辰彦著；北京林达刘知识产权代理事务所译. —北京：知识产权出版社，2021.6
ISBN 978 - 7 - 5130 - 7561 - 9

Ⅰ. ①知… Ⅱ. ①佐… ②北… Ⅲ. ①知识产权—研究—日本 Ⅳ. ①D931. 334

中国版本图书馆 CIP 数据核字（2021）第 116809 号

内容提要

本书以"知识产权就是财富"为主题，采用随笔的形式介绍了知识产权的故事。内容包括知识产权对产业和企业等产生的影响、充分发挥知识产权价值的运行机制、活用知识产权的形式、活用知识产权力量的启示以及当代社会应如何运用知识产权的思考。

责任编辑：卢海鹰　王玉茂	责任校对：王　岩
执行编辑：武　伟	责任印制：刘译文
封面设计：博华创意·张冀	

知识产权：改变世界的力量

［日］佐藤辰彦　著

北京林达刘知识产权代理事务所　译

出版发行：知识产权出版社 有限责任公司	网　　址：http：//www.ipph.cn
社　　址：北京市海淀区气象路 50 号院	邮　　编：100081
责编电话：010 - 82000860 转 8541	责编邮箱：wangyumao@ cnipr.com
发行电话：010 - 82000860 转 8101/8102	发行传真：010 - 82000893/82005070/82000270
印　　刷：三河市国英印务有限公司	经　　销：各大网上书店、新华书店及相关专业书店
开　　本：720mm×1000mm　1/16	印　　张：12.5
版　　次：2021 年 6 月第 1 版	印　　次：2021 年 6 月第 1 次印刷
字　　数：164 千字	定　　价：60.00 元
ISBN 978 - 7 - 5130 - 7561 - 9	
京权图字：01 - 2021 - 2940	

作者简介

佐藤辰彦（Tatsuhiko Sato），特许业务法人创成国际特许事务所会长日本弁理士❶

1946 年，福岛县出生；

1967 年，福岛工业高等专业学校工业化学科毕业；

1971 年，早稻田大学第一法学部毕业；

2008 年，早稻田大学研究生院亚太研究科学术博士；

1973 年，日本弁理士执业。

2005 年，就任日本弁理士会会长期间实现了日本弁理士会分支机构覆盖全国。

2007～2011 年，作为日本内阁府知识产权战略本部委员，和本部长安倍晋三前首相、福田康夫前首相、麻生太郎前首相、鸠山由纪夫前首相、菅直人前首相一起参与了制定推动知识产权计划的决策。

2009～2016 年，担任早稻田大学研究生院商学研究科客座教授，现任东日本国际大学客座教授、日本创业企业家学会（The Japan Academic Society for Ventures and Enterpreneurs）理事、广域关东圈❷知识产权战略本部委员。

主要著作：《发明的保护与市场优势》《知财笔记——在 40 年的潮流中》。

共同著作：《国际专利摩擦与日本的选择》《新·注解专利法》《日本的技术革新》等。

---

❶ 在日本，专利代理师被称为弁理士。——编辑注
❷ 广域关东圈是对日本关东地区一都六县及其周边诸县的合称。

翻译和校对

他　序

　　和佐藤兄相交已经三十多年了。现在想想，和佐藤兄初次见面还是在 1986 年（为了更好地了解和把握中国《专利法》的实施情况和制度背景，日本 23 名弁理士组成中国专利法考察团，于 1986 年初春访问中国，佐藤兄便是其中一位），那时中国《专利法》刚刚实施不久，知识产权制度的雏形初建。转眼间，三十多年的时间过去了，我们两位老兄弟也迈入了古稀之年。但是在这三十多年的时间里，我和佐藤兄一直保持着密切的联系。

　　佐藤兄在知识产权领域从业近 50 年，曾经担任日本专利代理师协会会长，并积极参与日本政府主办的知识产权研究推进等活动，拥有着丰富的专利申请实务经验，还曾作为客座教授，执鞭于早稻田大学商科学院、东日本国际大学，言传身教，意将毕生经验传授于下一代的年轻人。每次见到佐藤兄，都为他那不输年轻人的旺盛精力和好奇心感到惊讶。

　　2011 年，东日本发生了举世震惊的大地震，福岛一带也因为核泄漏导致经济活动受到了重创。福岛出生的佐藤兄，对于故乡发生的一切，心痛之余，一直都在想，能否通过知识产权的活用来催生出一批能为故乡带来经济效益的企业和产业。怀揣着这一想法，佐藤兄于 2017 年 8 月开始，每周五都在《福岛民报》专栏上连载"知产笔记——知识创造财富"。本书便是对这一专栏系列文章的汇总和整合。作为知识产权人，写知识产权相关的小文章固然不在话下，但是，如何用通俗易懂的语言和实例深入浅出地讲解知识产权是什么、日常生活中与我们息息相关的知识产权是什么，以及什么样的知识产权可以为社会和企业带来收益等深奥道理，这实属不易。

本书中佐藤兄的讲解和所举实例，对中国乃至各国的读者都很有参考价值。其着眼于日本民众最耳熟能详的品牌故事（如 MIKIMOTO 珍珠和发明大王爱迪生的趣味故事、耐克品牌的起源、东京奥运会会徽设计之争等），再结合具体案例阐述知识产权及其制度存在的必要性、国际上如何运用知识产权，以及为什么知识产权会成为未来的课题，进而就商业方法专利如何催生新的商机等，进行了生动形象地介绍。不仅如此，从 2017 年第一期专栏至今，佐藤兄笔耕不辍，已经坚持连载了 160 多期。我甚至清晰地记得，在专栏第 100 期的时候，我还专门发邮件表示祝贺。转眼间，佐藤兄已经朝着 200 期的大关前进了。作为三十多年的挚友，对此表示由衷的钦佩。

承蒙佐藤兄的信任，我和北京林达刘知识产权代理事务所一起承担了此书出版的翻译工作。在此书的翻译过程中，我更加切身感受到这实在是一本罕见的好书，可读性强，不仅可以学到大量的知识产权知识，而且如果本着研究技术、挖掘专利的角度，亦可以从此书中得到很多启发。为此，特向读者朋友们推荐此书。通过对此书的翻译校对，我也对佐藤兄这位三十多年好友渊博的学识、敏锐的商业思维以及对知识产权事业炙热的感情有了更深地认识。常言道，陈酒历久弥香，愿我同佐藤兄之间的情谊，也如同老酒陈酿，越来越醇厚。

北京魏启学律师事务所

所长　律师　魏启学

2020 年 12 月

译者序

　　承蒙佐藤先生的信任，我和我的同事们有幸承担了《知识产权：改变世界的力量》这本书的翻译工作。

　　我作为涉外知识产权从业人员，从事知识产权翻译工作已近 20 年了。与知识产权行业的结缘，要特别感谢刘新宇所长和魏启学先生的信任和提携。早在我的大学时代，就有幸进入刚刚成立的北京林达刘知识产权代理事务所实习，并参与了很多翻译工作。大学毕业后，出于对知识产权行业的好奇和对事务所理念的认可，我选择了加入林达刘这个大家庭。此后，几经周折创建了翻译部，承担了大量专利审查意见通知书、有效性鉴定、侵权鉴定、专利文献、技术文件等的翻译和校对工作，并手把手地培养出了一批专业译员。现如今，整个翻译部已经发展为近 30 人的规模，我们的译文质量也得到了客户的广泛认可。可以说，我和我的同事们，见证了中国知识产权相关翻译水平的日臻提高，见证了中国知识产权事业的蓬勃发展，见证了各大科技领域的技术创新。

　　为了更好地完成这本书的翻译，我集结了事务所多名有丰富翻译经验的同事，组成了专门的翻译小组。这本书与我们平时接触的技术类或法律类文件不同，虽然所介绍的事例不乏专业性，却也生动有趣，并不枯燥。其中，既有诺贝尔奖得主科学巨擘的成果介绍，也有日本知名企业品牌背后的故事，还有羊羹专利、日本小学生的发明等充满趣味的轶事。

　　佐藤先生说，这本书是可以让读者朋友们接触到知识产权的"展窗"（showcase）。而我们的翻译过程就仿若拿着放大镜在观察这一"展窗"中陈列的每一件展品。我们深切感受到，每一项创新成果背后必然有一个有趣的、勇于探索的灵魂。而正是各行各业中这些令人眼花缭乱的创新，支撑起了整个现代日本，甚至日本的未来。所以，在这本书的翻译过程中，我们一边感叹日本在创新方面的努力和蕴含的潜力，一边为自己身为知识产权人感到荣幸，因为知识产权确实有一种足以改变世界的力量。

怀着这样一份尊重与信念，我们历时 3 个月完成了此书的翻译和校对。在本书的后期出版过程中，知识产权出版社的卢海鹰老师、王玉茂老师、武伟老师又对本书进行了极为专业、细致和严谨的审阅，在此也诚挚地向 3 位老师表示感谢。当然，在本书的翻译过程中，对于直译还是意译，我们颇有一些纠结之处，也进行了一些大胆的尝试，如能博得读者诸君的会心一笑，是我们的无上荣幸；对于不成熟的地方，也欢迎读者朋友们多多指正。

最后，愿读者朋友们能从此书中有所受益，愿这本书可以将知识产权的力量传递给更多的人。

北京林达刘知识产权代理事务所

翻译部部长　陈　洁

2021 年 5 月

关于知识产权

近年来，关于专利、品牌等知识产权的讨论越来越热门。但是，这其中很多都是比较专业的讨论，所以有很大一部分内容不为一般民众所熟知。

从 2017 年开始，我每周都会在日本地方报纸《福岛民报》的专栏上，以"知识产权就是财富"为主题，以随笔的形式从各种切入点向读者们介绍知识产权的故事。本书便是对这一系列的连载文章进行概括整理，进而付梓成册。可以说，这是可以让读者朋友接触到知识产权的"showcase"，里面的文章短小精悍，内容通俗易懂。所以，亲爱的读者朋友们，请打开手中的这本书，从您感兴趣的地方开启这次知识产权之旅吧。

"知识产权"，即是由人类智慧所创造的价值，其涵盖多个领域的智慧成果，比如人们在艺术领域创造出的美术、音乐，在学术研究领域提出的发现和理论，在业务拓展中开辟的商业模式等。这些价值不仅能够满足个人的需求，对整个社会也有相应的经济价值。就像小说和电视剧能带给人们感动、带来勇气，帮助大家恢复自信一样，知识产权拥有着超越经济价值层面的意义。不过，知识产权所带来的影响不仅仅局限于电视剧、书刊报纸等产业，随着其经济价值的不断凸显，知识产权已经成为可以左右国家经济产业发展的重要因素。

本书着眼于知识产权本身所拥有的经济价值，在介绍与大家息息相关的日常事例的同时，也在思考知识产权的理想状态是什么。本书在第1章介绍了知识产权对产业、企业等带来的影响，第 2 章是关于充分发挥知识产权价值的运行机制，第 3 章介绍活用知识产权的形式，第 4 章是关于活用知识产权力量的启示，第 5 章则是围绕当代社会应如何运用知识产权所进行的思考。

知识产权已经改变了世界。随着大数据、人工智能（AI）、物联网（IoT）的发展，特别是因为新冠疫情的影响，全世界都在发生巨变，这就更需要通过人类的智慧来灵活运用知识产权，进而开启一个全新的时代。

佐藤辰彦

目　　录

第3章　商业模式专利催生新事业 / 96

第 4 章　羊羹获得专利 / 128

第 *1* 章
震惊爱迪生的日本发明

01 **震惊爱迪生的日本发明——MIKIMOTO 珍珠养殖**

1896 年（日本明治二十九年），株式会社 MIKIMOTO（日本东京都中央区，以下简称"MIKIMOTO"）的珍珠养殖方法发明获得了专利。但是，由于珍珠是养殖而成的，很多消费者认为是"假珍珠"，所以珍珠卖得并不好。于是创始人御木本幸吉想了个办法。据说，他给"发明大王"托马斯·爱迪生赠送了一份养殖珍珠，收到珍珠的爱迪生感叹道："我有两样东西没有研究成功，一样是钻石，另一样是珍珠。你的养殖珍珠发明很了不起。"

由此，MIKIMOTO 的养殖珍珠名气大增，全球热卖。御木本幸吉将珍珠养殖方法申请了专利从而垄断了市场，获得了丰厚的利润。根据现行专利法，如果获得专利，御木本先生可以自申请之日起独占此项发明 20 年。

与御木本先生分别时，爱迪生提醒他："总有一天，你一定会有竞争对手。记住这句话。"那些由于御木本幸吉获得了专利而无法生产养殖珍珠的人们迫切地希望专利到期。果不其然，专利到期后，很多人加入了珍珠养殖业，结果引发了养殖珍珠的价格竞争。

但是，通过邀请国外有名望的客人来养殖场参观，并盛情款待他们，御木本幸吉已经树立了 MIKIMOTO 养殖珍珠的品牌形象，赢得了"MIKIMOTO 养殖珍珠太棒了"的美誉。据说，当时御木本幸吉上了一道叫"油炸珍珠贝"的菜，别出心裁地将养殖珍珠放入油炸贝中，吃的时候珍珠会从油炸贝中掉落出来，让人耳目一新，印象深刻。

这是在商业上灵活运用专利而获得成功的一个著名故事。御木本幸吉提前预计好了专利到期后的情况，在垄断市场期间努力实现了 MIKI-MOTO 养殖珍珠的品牌化，这是将专利和品牌（商标）等知识产权纳入商业战略的优秀典范，时至今日仍有值得学习之处。

2017 年 8 月 4 日

02 东京奥运会会徽问题——保留创作经过，避免争议

原定于 2020 年（日本令和二年）举行的东京奥运会最初选取并公布的会徽（标志）被指侵犯了著作权。比利时某剧院的 logo（徽标）设计者认为会徽与该剧场的 logo 标志相似。"相似？不相似？"这个事件在网上和媒体上也引起了热议。对此，大多数知识产权专家如专利代理师、律师等都表示"没问题"。以国际奥委会（IOC）为首的相关组织也认为法律上没有问题。

但是，该争议在网上持续发酵并引起了广泛关注。即便进行了一遍又一遍解释也没能平息争议，甚至还涉及诉讼，最终该会徽被撤，东京奥运会选取了新的会徽，即现在的会徽。

在这个事件中，著作权和商标权是问题所在。著作权是保护如绘画、雕塑、建筑、音乐、诗歌、小说、戏剧、散文和研究报告等作品的权利。原则上，未经著作权人许可，复制、翻译或改编作品均属侵犯著作权。所以，关于该事件法律上的主要争议是，东京奥运会原会徽是否复制了比利时剧院 logo。

比利时某剧院 logo 的著作权人主张："与其说复制，不如说是抄袭，因为很相似。"但是，如果原会徽是在不知道比利时某剧院的 logo

的情况下独立进行的创作，即便凑巧相似，也并不能说是复制的。因为，只要设计者事先不知道比利时某剧院的 logo，复制一说便无从谈起。

然而，如今是一个可以在网上查找全世界作品的时代。在这种情况下，即使设计者主张不知道比利时某剧院的 logo，但如果两者的相似性越高，被怀疑其实已知该 logo 的可能性就越高，由此便产生了争议。这是现代著作权的问题。

为了避免争议，需要随时保留创作的经过，以便主张创作的独立性。现在还有可以轻松检测是否抄袭的软件。当然，商业上的抄袭是被严厉禁止的。

2017 年 8 月 11 日

03　暑假研究有成果，小学生获专利权——利用磁铁分拣废罐

2015 年（日本平成二十七年）秋，日本爱知县❶一名小学生获得了发明专利（特许第 5792881 号）的事情，在媒体的报道下引起了热议。

这位小学生的发明是一种分拣铝罐和钢罐的装置。铝罐不会吸附在磁铁上，但钢罐可以。这一性质是此项发明分拣铝罐和钢罐的原理。

但是，之前已经有人就利用磁铁来分拣废罐的装置申请过发明，这个领域很难轻易获得专利授权。因为获得专利授权需要满足 2 个条件：尚未被世人所知（新颖性）、从已知的技术不能轻易完成的发明（创造性）。

我仔细阅读了专利公报，发现这件专利与别人的发明不一样，这位学生对三处地方的设计下了一番功夫。

第一处，磁铁吸附掉落的钢罐时，如果磁铁位置不合适，就无法很

---

❶ 日本的"县"相当于中国的"省"。为方便读者阅读，译者添加了大量脚注，本书脚注均为译者注。

好地进行吸附。于是，这位学生对磁铁的位置设置下了一番功夫。

第二处，如果金属罐到达不了磁铁所处位置的话，磁铁就无法发挥效果。于是，这位学生设计了使金属罐可以落到磁铁位置的导向板。

第三处，如果未吸附在磁铁上的铝罐和已吸附在磁铁上的钢罐不能顺利落到分拣位置，它们就会混在一起。于是，为了引导铝罐和钢罐分开下落，这位学生又下了一番功夫，使此结构可以精确地分拣铝罐和钢罐。为了实现这一点该学生反复进行了尝试、修正。专利公报中甚至公开了相关实验数据。

完成了此项发明的小学生很优秀，这自不必说。此项发明本是该学生在小学暑假作品展中展出的作品，该学生是在其父亲的建议下进行了专利申请。这位父亲真是功不可没啊，佩服，佩服！

2017 年 8 月 18 日

04 通过专利获得了当地居民的认可——让安全放心的技术被世人所知的方法

日本长野县佐久市的株式会社 FUJI CORPORATION（资本金：1000 万日元）是一家经营一般废物和工业废物管理型终端处理厂的企业。经过反复研究和开发，该公司研发了一种新的废物处理方法——"压实成型方法"，其对包含重金属等无机废物和放射性物质等有害物质的待填埋物的处理，不是简单地掩埋，而是进行压紧压实，形成压实成型体后再掩埋。这样可以高水平地防止有害物质溶出。

该公司厉害之处在于，自 2011 年（日本平成二十三年）起 5 年间，共获得了 54 件发明、3 件实用新型、3 件外观设计和 75 件商标等工业产权（工业产权是知识产权中对发明、实用新型、外观设计、商标所有权的统称）。让人震惊的是，这些专利大多数是社长❶一个人的发明

---

❶ "社长"相当于中国的公司总裁。

创意。

　　要经营这些终端处理厂必须征得当地居民的同意。可是无论有多么安全放心的技术，要获得当地居民的认可，并不容易。

　　这家公司想了个办法。为了让当地居民了解公司技术的安全性、独创性和优越性，该公司决定不遗余力地进行专利申请。因为专利是日本特许厅审查和授权的，且其技术内容在专利公报中有详细说明。

　　并且，该公司就终端处理厂的环境保护与当地签署了协议，并毫无保留地披露了有关处理厂工作状况的所有数据。通过建立投诉处理制度和建立环境保护委员会等努力获得当地居民认可，同时，由于多个专利申请获得授权，该公司逐渐被当地居民称赞为优秀公司。现在，当地的居民都亲切地称社长为"发明大王"。

2017 年 8 月 25 日

05　没有专利也可取胜——保护技术，防止伪造

　　日本福岛县郡山市的 Frontier Lab 株式会社是一家色谱仪用零配件研发制造尖端企业，它是一家没有工厂的制造业公司，这类企业在日本很少见。这就是尽管只拥有 30 多名员工，但它却是一家占据了日本国内 80%、海外 50% 市场份额的国际公司。2014 年（日本平成二十六年），它被日本经济产业省❶评选为"全球利基企业 100 强"（Global Niche Top Companies Selection 100）之一。

　　该公司的主要工作集中在研发上，其商业模式是，一方面在国内外学术会议上发表研发成果（2016 年 8 月至 2017 年 7 月，在日本国内发表了 12 项，在海外发表了 6 项），另一方面将制造外包给其他企业，将销售委托给国内外知名分析仪器制造商。国内外的国际知名公司愿意销售这样的中小企业的产品，不仅是因为其产品好，还因为可以通过知识

---

❶　隶属日本中央省厅，前身是通商产业省，是主管经济的一个部门，相当于中国的商务部。

产权牢牢地保护了产品，即使是大公司也无法分一杯羹。

如果选择技术公开的话，将易模仿、具有经济价值的好用的技术都申请专利，形成便于主张权利的形式，这是非常重要的。顺便一提，Frontier Lab 株式会社拥有 24 件专利。然而，将一项技术变成专利需要花费时间和金钱。对不确定能否获得专利授权的技术进行知识产权管理尤为重要，比如可以不申请专利而是主动公开该技术使其他任何人也获取不了专利。这就是专利申请时的"开放保守两手抓战略"。

Frontier Lab 株式会社气相色谱仪的核心是毛细管柱，它是通过在不锈钢管内表面形成二氧化硅薄膜，再在其上涂覆聚合物而制成的。一旦产品制造完成，制造方法就变成了"黑匣子"（不将技术公开＝保守），其他人无法获知。因此，即使不申请专利，其他公司也没办法对产品进行仿造。由此，可以形成上述商业模式，即无需营销部门，而是让国内外知名的气相色谱仪制造商用 Frontier Lab 株式会社的品牌销售该产品。无法模仿的技术不需要申请专利。

2017 年 11 月 10 日

直面问题，绞尽脑汁

每年，Frontier Lab 株式会社都会致力于新产品研发，对于研发成果，在学术会议上发布后，会投稿给专业学术期刊，同时还会进行专利申请以取得专利权来保护研发成果。公司自成立以来，每隔几年就会研发和销售新产品，已经几乎垄断了市场。

该公司提出了三个企业愿景：

（1）立足分析技术领域（色谱）世界前沿，研发、制造、稳定供应具有竞争力的、原创的、突破性的产品；

（2）研发世界首屈一指的产品，并获得适当的利润；

（3）以无工厂模式且以自己的品牌将产品销往世界各地。

这家公司成功发展背后的秘诀是什么？在 2017 年 7 月郡山市日本专利代理师协会和日本福岛县共同举办的研讨会上，该公司社长揭晓了原因。为何该公司能够成为本地公司都想成为的"创新型研发公司"呢?

社长提到了以下几点:目标市场并非是大公司瞄准的市场,而是利基市场(别人还没有触及的领域);为了推进研发并完成发明,不停地思考如何使客户在任何时候都可以方便地使用产品;一点点改进,即所谓的绞尽脑汁;平时遇到问题,不要逃避,要直面挑战,这样就会产生意想不到的创意。

此外,通过积极接受大学教授和用户的有益指导,利用社长海外人脉关系获知海外市场动向、开拓海外市场等,该公司在海内外均实现了销售规模的不断扩大。将新产品投入市场可能会有风险,但只要努力把握最前沿的世界需求,就可以避免失败。

在知识产权方面,该公司就研发技术不断地与专利事务所沟通合作,一边进行现有技术检索确认类似技术是否已被申请专利等,一边推进专利申请,由此建立了合适的知识产权保护体系。

2017 年 11 月 17 日

06 日本痛失出口机会——日本女子冰壶队的韩国草莓事件

2018 年(日本平成三十年)平昌冬季奥运会上,日本女子冰壶队在茶歇时间称赞的韩国草莓,竟然大多数是基于从日本流失的品种而研发出来的,这一事件引起了热议。

有报道称,在韩国,种植面积 90% 以上的草莓都是与源自日本的草莓杂交后的品种。韩国还将草莓出口亚洲各国,据估计,日本草莓五年间因此损失了高达 220 亿日元的出口机会。

对此,韩国进行了反驳:"新品种本就是通过不同品种杂交、基因技术等来研发获得的,日本不也是在 19 世纪从欧洲引进了草莓种子,然后研发了自己的品种吗?"

有一种保护制度（《种苗法》❶），其授予那些培育出新品种植物（例如花卉和农作物）的人独占权（育种者权），以保护该新品种。在海外，有《国际植物新品种保护公约》（UPOV 公约），育种者需要在各个国家或地区分别获取权利，否则其权利将不受保护。而私自将种苗带出国的行为是很难防范的，所以，需要在各个国家或地区都进行品种登记。日本也采取了一些措施，比如仅允许在某些地区进行种植、建立监控网防止已登记的品种反向进口等。

草莓"あまおう"是日本福冈县进行了品种登记的"福冈 S6"的商标。这个名字是日文词汇"红""圆""大""甜"的首个假名组合而成的。成功培育"あまおう"时，福冈县知事❷是麻生渡先生。麻生渡先生是日本原特许厅厅长，对知识产权很熟悉。因此，为了确保"あまおう"得到很好的保护，而不是像别的草莓一样，他构建了坚实的保护体系。

为了更好地保护整个福冈县的农产品，他制定了农产品知识产权战略，成立了"农林产品知识产权中心"。由此对"あまおう"的知识产权进行管理，并实现了运用 DNA 识别鉴定非法种苗来防止非法种植和销售。另外，为了处理侵权问题，他制作了《农产品侵权应对手册》并进行管理。这是成功保护知识产权、保护自己国家利益的一个很好的例子。

2018 年 4 月 20 日

07 获得农户和购买者共鸣的商业——支援农业的蔬菜供应商

在日本创业企业家学会❸制度委员会，我有幸与 M2Labo 株式会社（日本静冈县菊川市）法人代表加藤百合子女士进行了交谈，该公司是2009 年（日本平成二十一年）成立的。

---

❶ 《种苗法》类似于中国的《植物新品种保护条例》。

❷ "知事"是日本都道府县等地方行政首长，日本的"县"相当于中国的"省"，此处的"福冈县知事"相当于中国某省的省长。

❸ 日本创业与企业家学会是为了进行风险企业研究、促进风险企业发展所设立的日本团体。

2012 年，加藤女士在日本政策投资银行举办的首届"女性商业计划大赛"中，因"鲜蔬直供"业务而获奖，"鲜蔬直供"业务指的是将生产者种植的农产品供应给饭店、食品加工公司等。

具体而言，在该业务中，具有专业知识的员工作为生产者的销售代表，周旋于生产者和购买者之间，从销售一线到质量管理、生产者培训和市场营销，对整个产销过程提供支持。他们不但为生产者寻找满意的买方，还为生产者进行生产管理提供控制风险服务。此外，还会在生产现场对农产品生长过程等进行管理，确保农产品从种子到出货的可追溯性。这俨然是连接生产者和购买者的商务对接服务。

此外，2015 年，加藤女士成立了"地方振兴农林水产机器人促进协会"，研发农业机器人以弥补劳动力短缺。该项目不仅获得了 JA 全农、日本商工会议所、各工业机器人制造商，以及学术、教育机构的协助，还获得了农林水产省❶的补贴支持。

2009 年有人向加藤女士指出："农产品收获、运输要比处理半导体晶片难得多，不适宜用机器人操作，只会增加生产成本。"据说当时，她想的办法并不是"研发适合当前农业作业的机器人"，而是"使农业作业配合所研发的机器人"。这是一个很棒的逆向思维。

2017 年，她创立了"旨在加强日本农业发展的智囊机构——KAIZENN LAB 株式会社"，并与 TERRACE MILE 株式会社（创业公司）和丰田肥料株式会社（肥料行业老字号）建立了业务和资本合作。

在这个案例中，创立伊始，尽管婆婆反对，她却依然坚持，最终赢得了农户和购买者的共鸣，缓解了由于老龄化和缺乏接班人带来的农户减少问题，从仅几个人创立的公司发展到与各相关团体和企业合作的规模，真是太了不起了。

2018 年 5 月 11 日

❶ 隶属日本中央省厅，主管农业、林业、水产行业行政事务。

08 年轻人的挑战、跨国企业的创立——由学生创立的"耐克"以及它与日本的渊源

"耐克"（Nike）是众所周知的运动品牌，一位美国学生在看到日本球鞋后觉察到了商机，在身无分文的情况下创办了它。它的历史可以从创始人菲尔·奈特（Phil Knight）的自传《SHOE DOG》（东洋经济新报社）中获知。

最初，创始人奈特只身拜访了一家日本制鞋商，在向其说明美国市场的潜力后，以 50 美元的价格购得了样品。然后，他又请优秀研发人员评估市场潜力，将宝押在了市场潜力上。当时，奈特既不是技术人员，又没有公司经营经验，只是一个 26 岁的年轻小伙。此后，他一边将日本制鞋商的产品进口到美国，一边成长，不久便要求日本制鞋商制造他自己的产品，并推出了自己的品牌"Nike"。

随着业务的迅速发展，奈特经常为筹集资金发愁，在日本贸易公司的帮助下，在破产边缘挣扎的耐克最终发展起来。耐克之所以能够独立于日本制鞋商并克服长久以来的困境，大概是因为创业以来，耐克一直拥有出色的运动鞋研发人员。在运动鞋的世界中，最重要的是出色的性能。通过走在性能的最前沿，耐克反击并超越了曾主导世界的"阿迪达斯"和"彪马"。

另外一点，耐克引入了"气垫鞋底"（压缩空气注入鞋底以改善缓冲性）发明，这成了当时的一个热门话题。此后，耐克又聘请了著名运动员和好莱坞明星等来提升品牌知名度，一跃成为世界第一品牌。

奈特先生在 1975 年（日本昭和五十年）左右拜访的日本制鞋商后来成了我的客户。我还记得曾听那位社长提到过："有一个奇怪的矮个子年轻美国人，想在美国卖运动鞋，让我们帮他制造运动鞋。"令人感慨的是，40 多年前一位年轻人的挑战竟催生了一家跨国企业。我期待着接下来日本年轻一代的挑战。

2018 年 5 月 18 日

09 独家技术企业诞生——利用 18 个月周期的抢先优势获得专利

在日本群马县高崎市有一家名为 KINSEI 株式会社产业的焚烧炉公司。该公司最初只有 6 名员工，如今不仅是业内顶级公司，而且是拥有独家技术的公司。

在其焚烧炉技术中，将工业废物放入干馏气化炉中并点火的话，会自动推进燃烧进程，进行工业废物的热分解，并且热分解产生的可燃气体在燃烧炉中将会完全燃烧。这种技术想法早就存在。该公司为了获取专利而进行现有技术检索时，发现世界上仅有一件类似技术专利。只要能跳过这件现有技术专利，就能顺利获取专利，于是该公司避开了这件现有技术并获得了 34 件专利。

该公司的基本专利（日本专利第 1943494 号）是"干馏气化燃烧"，此外还有多件关于干馏气化炉和燃烧炉控制的专利来支持这件基本专利。这种焚烧炉技术燃烧一次后需要将灰烬排出再添加新的工业废物进行燃烧，因此，不可能连续运行。为了解决这个问题，该公司研发了两个炉子交替运行的技术并获得了专利。

由于控制技术相关装置的研发也是必要的，因此该公司也取得了控制技术相关装置的专利。至此，可完全燃烧的焚烧炉技术就完成了。此外，对于如何利用产生的热量和燃烧产生的灰，该公司还获取了应用技术相关专利。

为什么这样的专利布局能得以实现？首先，该公司在 1988 年（日本昭和六十三年）进行了上述基本专利的申请。专利申请 18 个月后必须公开。该公司的操作是，在前一件专利的申请日之后、满 18 个月公开之前，进行下一件专利的申请。然后，以 18 个月为一个周期，持续进行此操作。这样，利用抢先优势，在其他公司出手之前，该公司获得了 34 件专利。

1988 年申请的基本专利在申请之后 20 年到期，也就是说基本专利在 2008 年就到期了。但是，由于其周边技术已经用改良、应用专利进行了固化，因此形成了其他公司完全无法进入的铜墙铁壁，这样，该公司成为拥有独家技术的公司。

2018 年 6 月 8 日

通过不妥协的知识产权战略垄断市场

作为焚烧炉技术领域业界第一并且拥有独家技术的公司——KINSEI 株式会社产业的社长总是会冷不丁地给我打来电话。

"我们最近进行了新的研发，想问问能不能申请专利，能过来一趟吗？"

我到了后，社长会将他的发明构思在白板上写写画画解释给我听，讨论之后我们会确定写成怎样的技术方案。这样的过程重复了 20 多年，现在已经形成了具有 34 件专利的专利网，其中包括基本专利、围绕该基本专利的改良专利、周边专利、应用专利。除了这些专利外，还对燃烧控制软件进行了黑匣子化，这样就不会轻易被模仿。

该公司研发的秘诀在于，社长对工业废物焚烧炉技术的彻底追求，追求使废气完全燃烧所必需的技术。另外，还有倾听用户声音，完成用户想要的突破性技术。如果社长在中途不是精益求精而是轻易妥协的话，那么无论如何也无法获得 34 件专利的。即使到现在，他们这种态度也没有改变，还在研发下一代产品。

当时是 20 世纪 80 年代后期，由于污染问题，废气排放规定变得很严格，传统的焚烧炉无法再进行制造和销售。而 KINSEI 株式会社产业的焚烧炉满足了上述废气排放规定，以此为契机，KINSEI 株式会社产业逐年扩大市场份额，现在成了日本唯一的此类焚烧炉制造商。可见，在利基领域，如果能够成功实现知识产权战略的话，则可以获得该领域的垄断地位。

该公司在海外也获得了很多专利。基于这些专利，他们寻找可以在本地进行制造生产的合作伙伴，并且通过许可协议，在中国、韩国、美国和印度开展了业务。另外，让日本大企业的海外工厂使用自己公司的产品，通过这些公司做宣传来扩大海外市场等，也是该公司的业务发展战略。

2018 年 6 月 15 日

10 地方振兴的新尝试——开启"加速器"

知识产权的灵活运用离不开创造它的人和企业，只有创造并能灵活运用知识产权才能带来技术革新。

最近，我有幸听了 Creww 株式会社经营者的故事。该公司运营着一个名为"加速器"的网站，该网站主要业务是寻找初创公司（刚刚成立的年轻公司）并将初创公司介绍给大公司。目前，该网站已经聚集了 3300 家初创公司，对接着 100 家大公司。富士通株式会社、松下株式会社、JTB 株式会社、读卖新闻、东京瓦斯株式会社、昭和壳牌石油株式会社等各行各业的著名大公司都参与了对接计划。

点击该公司主页上的"creww 协作"网站，可以看到关于基本理念的简介：

"此开放式技术革新计划旨在帮助初创公司和大公司开创新业务。初创公司可以利用大公司的各种资源（经营资源）来加速自身的成长，而大公司通过为初创公司提供资源，可以降低风险和成本，并在短时间内找到开创新业务的起点。"

也就是说，它的目标是双赢。

并且，不仅仅是大公司，甚至京都市和神户市等地方政府也开始与 Creww 株式会社紧密合作，举办了一些为当地公司开创新业务提供支持的活动，作为振兴地方的新尝试。这表明，本地公司利用初创公司的力量来开创新业务的潮流，在其他地区也可以复制。

2013 年（日本平成二十五年）4 月，日本创业企业家学会等三个团体向当时的安倍晋三首相建言："让拥有新商业模式（获利机制）的中小创业公司和高附加值创业公司遍地开花，日本应该创造这样的环境。"这正在一点点地实现。希望其他地区的初创企业也有机会迎来新挑战新潮流。

2018 年 7 月 20 日

11 成为培养创业者的引擎——不动产企业的挑战

2018 年（日本平成三十年）3 月末，三井不动产株式会社的"东京中城日比谷"（TOKYO MIDTOWN HIBIYA）商业综合体开业。据报道，它们将在该商业综合体内为公司内部创业者提供据点，并建立支持机制鼓励与大公司合作。

以前，房地产公司主要是购买、出售、交换、租赁、管理不动产并充当经纪人或中介人。未来，随着远程办公的发展，大公司对办公室的需求可能会越来越少。因此，为了争夺客户，需要抢先一步发掘优秀的创业公司，将其与相关企业对接，并支持其发展。通过这样来获得潜在的大客户，就像播种并浇水施肥一样。

三菱地所株式会社就充分利用东京丸附近金融机构等集中的优势建立了据点，旨在孵化"金融科技"产业。"金融科技"产业指金融产业和信息技术（IT）产业的融合。以东京六本木为主要基地的森大厦株式会社也在六本木建立了据点，与支持大公司开创新业务的风险资本以及支持初创公司的美国大公司进行合作。

此前，创业者的培养一直以政府引导为主，许多城市都设有孵化基地，例如福岛市的"Collasse Fukushima"。但是，政府支持大多仅限于减免创业者使用办公场地的负担，好像一直没有什么非常成功的例子。我认为，政府支持难以一对一地具体参与创业者培养中，且存在资金和人力资源短缺等问题。

与之不同，以三井不动产株式会社为首的大型房地产公司的这一动向显示了它们对未来业务收缩的危机感，成功开展这项新业务变成了它们的使命。我期待这种尝试不仅是房地产公司的生存手段，而且可以成为培养日本创业者的引擎。挑战新业务的创业者引发的技术革新才是知识产权的源泉。

2018 年 7 月 27 日

12 地区间知识竞争时代——打造创业者聚集的环境

近年来，福冈很有活力。街上人来人往，整个城市都朝气蓬勃。商店里人也很多。大型客轮的停靠量能达到横滨的两倍，街上到处都是来自世界各地的友人。听说这是福冈市人们努力营造"快乐漫步、幸福城市"的成果。

日本已经步入了少子老龄化社会，地方人口在不断减少。年轻人流向大城市的现象非常明显。对经历了地震的福岛而言，这个问题尤为严重。2005 年（日本平成十七年）至 2015 年这十年间，福冈市的人口增长率位居日本第二，与位居第一的川崎市几乎差不多。如此，人口聚集的城市和人口减少的城市之间的差距只会越来越大。

为了使人口聚集并定居，需要给他们提供在该城市工作、维持生计的基础。

福冈市城市打造中有一点很引人注目——让来自世界各地的创业者聚集到"福冈成长下一站"（Fukuoka Growth Next）创业基地。该创业基地设立于 2017 年 4 月，其利用了原大名小学旧校舍，是一个官民合作型创业扶持基地。为此，福冈导入"创业签证"政策，针对来日本创业的创业者，放宽了签证签发要求（一种为促进外国人来日创业而对国家战略特区特别批准的政策），这在日本实属首创。据说"截至目前，日本该类签证发放量的 70% 至 80% 都是从福冈发放的"。对于居住在日本的外国创业者而言，福冈市已成为创业者的天堂。大家都说"福冈是自治体中创业扶持做得最好的"。

如果有很多新创业者在此聚集并开展业务的话，就会产生就业机会，而在此过程中创造的知识产权又可以进一步促进业务发展，这就可以形成良性循环，一个充满多样性和魅力的城市将会与初创企业共存并变得更加强大。

真希望其他地区也能够打造一个使很多初创公司聚集的环境，并通过初创公司创造出此前没有的新业务。"由人物往来驿站转变为'知识'驿站"，这是福岛县郡山市的品川万里市长曾经提出的。地区间知识竞争时代已然到来。

2018 年 8 月 3 日

13 新药专利有效期延长——本庶佑教授和癌症治疗药物 "Opdivo"

京都大学特聘教授本庶佑教授获得了 2018 年（日本平成三十年）诺贝尔生理学或医学奖。他研发成功的癌症治疗药物 Opdivo 填补了历史空白，为癌症患者带来了巨大的福音，被大家欣喜地称赞为"日本的骄傲"。曾经，癌症是不治之症。

据报道，该治疗药物的专利许可费主要用于培养后起之秀。1992年，PD－1 分子及其基因的发现是该项研究成功的第一步。经检索，涉及 PD－1 的发明最早出现在 1992 年 6 月 5 日申请的专利（特许第3454275 号）中。此后，本庶佑教授以发明人身份申请了 20 件专利，截至 2018 年 10 月 3 日，他与共同研发该发明的小野药品工业株式会社一起获得了 17 件专利。

小野药品工业株式会社曾运用其与本庶佑教授共有的专利以及与美国公司共有的专利向美国制药企业默克公司提起过诉讼，最终以默克公司同意支付首期 6.25 亿美元的和解费以及支付直至 2026 年的专利实施许可费为条件双方达成了和解（2017 年）。

被视为基本专利的第 4409430 号日本专利是 2003 年 7 月 2 日申请

的，所以该专利原本应该在自申请日起 20 年后的 2023 年到期，但因为可以适用仅在制药等领域适用的特别规定，其有效期可延长 5 年，即 2028 年到期。

由于新药在临床试验到生产审批这段时间不能销售，因此无法充分确保通过专利权能够独占（获利）的实际保护期，所以日本专利法规定制药领域专利有效期可以在 20 年的基础上进行延长。通常，大多数新药从申请专利到上市需要 15 年以上，即使第 15 年可以出售了，在剩下的 5 年内要收回数百亿日元的投资也是很难的，所以该领域特别规定，可以将权利有效期延长 5 年。

有用的药物很有价值，任何人制造和销售它们都可以实实在在地获利。仿制药厂在专利到期后无须支付专利许可费就可以对专利药进行仿制，所以仿制药厂都在期盼专利的到期。有时候也会发生在专利到期之前仿制药厂便尝试生产而引发纠纷的情况。因为哪怕只要早一天进行生产销售，收益也非常可观。

2018 年 10 月 5 日

14　理解专利重要性的先驱——致哀“光通信之父”西泽润一先生逝世

文化勋章获得者、被称为“光通信之父”“半导体先生”、曾任日本东北大学校长的西泽润一教授于 2018 年（日本平成三十年）10 月去世，享年 92 岁。他曾多次获得诺贝尔奖候选人提名，遗憾的是，未能等到获奖就去世了。

检索后发现，西泽润一教授作为发明人申请的专利，仅 1977 年（日本昭和五十二年）之后公开的就有 430 件，有 365 件获得了授权。“PIN 二极管”（特公昭 28 - 6077）、“PIN 光电二极管”（特公昭 30 - 8969）、“半导体激光器”（日本专利特公昭 35 - 13787）都是 1960 年以前的申请，彼时，战争的伤痕还尚未愈合。据说，西泽教授在日本和海外共获得了大约 1200 件专利，这个数量是惊人的。

西泽教授在战后早早就理解了获取专利的重要性，通过专利许可获得了研发经费。利用获得的研发经费，西泽教授与美国通用电气（GE）和 IBM 公司竞争，完成了突破性发明。根据他的著作《创造的力量》可知，当时他恰好结识了日本特许厅的人，获知了专利的重要性。

在日本研究人员的世界中，有很长一段时期，大家一直认为，比起获取专利，在学会发表论文并获得认可才是值得最优先考虑的。有一件事情我至今记忆犹新。那还是 30 年前我成为专利代理师并创建专利事务所的时候，当时我跟早稻田大学理工学院院长聊起了专利，没想到院长对我说："对于学者而言，让全世界广泛地利用自己的研究结果这很重要，并不需要专利什么的。"我对此大吃一惊。然而西泽教授竟远在这之前就开始重视专利了，他可真是一位与众不同的学者。

1961 年，西泽教授一边担任日本东北大学副教授一边创立了半导体研究振兴会，并与产业界合作。当时，日本刮起了左翼风潮，大学内普遍的观念是"给产业界使用？开什么玩笑"，因此需要在大学外创造这样的机会。对于"没有产学合作，何谈研发"的今天而言，那是一个无法想象的时代，西泽教授在那个时代坚持了下来。

2018 年 11 月 2 日

15　金融科技专利纠纷——用诉讼提高知名度

原告金融科技公司 Freee 株式会社（东京）于 2016 年（日本平成二十八年）10 月 21 日以被告株式会社 Money Forward（东京）的云会计软件的自动分类技术侵害了自己的专利权（日本专利第 5503795 号）为由提起诉讼，要求东京地方法院责令被告停止侵权，但却败诉了。

金融科技专利类纠纷此前并不常见，于是关于会计自动分类专利的该诉讼引起了大家的广泛关注。金融科技是一个结合了"金融"和"技术"的造词，指的是利用信息技术（IT）创建新型金融服务的技术革新及其相关服务。比海外落后了 10 年的日本，该领域的研发竞争也日趋激烈。2016 年，与金融相关的专利数量达到了 1066 件，与上一年相比大幅增长了 40%。

原告的专利是①一种进行会计处理的装置；②其利用对照表对交易明细自动进行会计科目分类并进行显示，该对照表是将交易明细（如会计凭证）中有可能包含的关键词与会计科目建立了对应关系的对照表；③自动分类根据关键词在各交易明细中出现的频率来确定关键词的优先级，并按优先级从高到低的顺序来进行分类。对于那些在会计处理中进行过会计凭证分类处理的人来说，这很好理解。在将会计凭证记载的内容进行会计科目分类时，如果让计算机按照③中的规则进行分类的话，几乎很少出错。

在诉讼中，被告否认说"没有进行③"。但否认必须举证。因原告是被告的竞争对手，被告不可能让原告获知其软件的具体内容，于是被告利用"in camera"程序进行了举证，这样只给法官看软件内容就可以了。"in camera"中的"camera"不是指拍摄设备的"camera"，而是法官办公室（camera）的意思。"in camera"审理指的是在法官办公室进行的非公开审理。因难以从外部看到技术内容，软件相关的专利官司打起来很费劲。在这个案子中，原告虽然败诉了，但却因此提高了知名度。可能它们诉讼的目的便在此吧。

2019 年 1 月 25 日

16　床上用品店的大变身——从出售物品到出售信息

株式会社 EMOOR（东京都立川市）成立于 2006 年（日本平成十八年），是家具和日用品网络零售公司中的翘楚。该公司创业初期仅进行网上销售，创业以来业绩一直稳步提高。现在，不仅有网店，而且开了实体店。

"用睡眠让全世界的人拥抱活力"是我们的愿景，为此我们正在不断地研发顾客所需要的产品——现年 44 岁的高桥幸司社长这样说。销售量稳步增长的同时，利用网上销售的优势，该公司跨越国境将销售版图扩大到了美国等地。虽然市场上有很多以价格为卖点的中国产品，但该公司却通过主要销售日本制造的产品，以合理的价格和良好的品质获得了顾客的信任，提升了品牌力。这是它们的卖点。该公司在年轻人中很有人气，2017 年有 8000 人参加了招聘考试。

之前它们的商业企划是"如果产品有利于睡眠，即使价格高顾客也会买单"，后来他们对此产生了怀疑，并认为"适合顾客的才是最好的"。为此它们研发了一种推荐床上用品的系统，该系统可收集顾客睡眠时的数据，然后根据睡眠数据给顾客推荐适合的床上用品（特许第6269980 号、特许第 6385605 号）。作为此系统的延伸，它们还发明了另一个系统，该系即使在无人商店中，也可以根据顾客通过平板电脑输入的数据为顾客推荐店铺内最适合的床上用品。甚至，还可以让顾客在店铺内实际试用系统所推荐的床上用品，并基于顾客的试用感受再一次搜索并推荐最适合顾客的床上用品（特许第 6468666 号）。这是劳动力短缺时代的日本无人商店。

该公司还灵活运用此前制造床上用品的丰富经验和数据，创建了通过改善睡眠"使每个人都精力充沛"的支援平台，比如，为优化顾客睡眠质量所创建的"睡眠和生命研究所"，帮助顾客实现科学睡眠。

由此，该公司于 2019 年 1 月进行了二次创业，从出售产品的公司转型成了出售信息的株式会社 SleepTechne。零售业也可以完成这种转型的时代到来了。

2019 年 2 月 22 日

17 通过公开创意求共鸣、谋发展——中小企业的开放战略

在 2018 年（日本平成三十年）12 月的日本创业企业家学会上，有一个关于日本宫城县中小企业开放战略（知识产权开放化）的报告。

被介绍的公司 YAGUCHI 电子工业株式会社（日本宫城县石卷市）最初是一家以索尼株式会社的业务为中心的按订单进行生产的企业，没有销售也没有内部研发。后来，由于索尼株式会社进行了业务转型以及受到地震的影响，该公司订单量急剧下降。

于是，该公司通过众筹筹集了资金，开始研发便携式辐射测量仪，并获得了投资者的销售支持。为了弥补内部研发能力的不足，该公司将技术在网络上进行了公开，通过向公众征求创意成功地完成了研发。

利用这次成功经验，该公司借助外界智慧，还成功研发了下一个新产品"弱视治疗仪"和"立体视力测试仪"。此前仅限于索尼株式会社等公司的业务网现已扩展至众筹支援者和支援传感器研发的大学、影像公司和医疗设备相关企业等，汇集了更多的智慧力量。

一直以来，知识产权战略的基础是独立地对创意进行研发，通过知识产权实现垄断以提高利润并发展业务。可是很多时候即使有一个好创意，也很难自行研发并将其商业化。然而，在当今时代，只要这个创意能引起社会共鸣，就可以向全世界征求意见，借助很多人的智慧完成研发。2015 年 1 月，丰田为了加快研发速度，也免费开放了 5680 件燃料电池汽车相关专利。

从这个事例来看，在当今这个社交网络发达、每个人都无时无刻不在查看社交网络的时代，通过公开创意获得很多人的共鸣，借助众人的智慧来加快研发速度，反而是一种使业务战略性成长的方法。

如果独自建立市场很难的话，那么大家就一起来建立市场。在此，同样非常重要的是，用知识产权保护研发成果，让全世界运用该成果。好不容易获得的研究成果如果没有获得知识产权保护而烟消云散了的话，那就太浪费了。

2019 年 3 月 1 日

18　不同制造方法不同专利——"万福拉面"考证

NHK 电视连续剧《万福》最近很受欢迎。这是一部以日清食品株式会社（以下简称"日清"）创始人安藤百福先生为原型的虚构电视剧。安藤百福先生的妻子仁子女士与福岛县二本松市颇有渊源。安藤百福先生以发明方便面而闻名，但他是否是第一个发明方便面的人，这一点还存在争议，于是我检索了相关专利。

普遍认为日清于1958年（日本昭和三十三年）8月发售的"鸡肉拉面"是"世界第一桶方便面"。

其实在日清"鸡肉拉面"发售的几个月前，大和通商发售了"鸡丝面"，东明商行发售了"长寿面"，两者皆为"倒入热水后几分钟内即可食用的含汤方便面"。据说日清在1961年购买了东明商行申请的"调味干面制造方法"的专利申请权，并且该专利申请于次年与日清申请的"即席拉面制造方法"一起获得了专利授权［摘自维基百科"即席拉面（即速食拉面）"词条］。

虽然无法判断发明日期，但大和通商是在1958年11月（特願昭33—34231）、东明商行是在同年12月（特願昭33—36661）、日清是在第二年1月（特願昭34—1918）进行的专利申请。如此，在短短的3个月内争先恐后地进行专利申请，竞争可谓相当激烈。大和通商的面饼与其他两家公司的相同之处在于面是油炸过的，不同之处在于面没有进行过调味处理。既然东明商行和日清的面饼都是"调味方便面"，那么到底哪一个是先发明的，关于这一点肯定有过很激烈的争论。但最后两个发明的专利权都归日清所有，所以到底哪一个是先发明的，事实上已经不重要了。

当时日本的专利法是1921年（日本大正十年）版的，其第1条规定了："新的工业发明的发明者，……可以获得专利。"只要与已知的发明不同（只要是新的），就可以被授予专利权。东明商行为了进行调味将面饼浸入汤料后进行了干燥，而日清则是将汤料喷洒在面饼上并进行干燥，这一点上两者不同。虽然最终的成品一样，但当时的法律不认可"饮料、食品或嗜好品❶"的专利，只有制造方法能获得专利，因此

---

❶ 嗜好品指满足个人的嗜好，给嗅觉、味觉和视觉以快感的饮料、食品的统称。如清凉饮料、茶、酒类、糕点等。与维持生命所必需的营养食品有区别。

只要制造方法不同，就可以获得不同的专利。

之后，安藤百福先生将上面提到的专利开放给了公众，没有进行独占，以此规范了整个行业，进而发明了"杯装拉面"并将方便面带给了全世界。

2019 年 3 月 8 日

19　大学生们的创业——灵活性与速度是优势

"就像足球社团是踢足球，创业社团就是学生创业"，这是九州大学创业社团的口号。说的是在社团活动中进行创业。九州大学创业社团成立于 2017 年（日本平成二十九年），成立第一年就有 150 名成员入社并参加活动。

听说他们举办了一项创业实践活动，在该活动中各不同院系学生"组队制订商业计划书，并参加国内外各项比赛，通过打比赛进一步完善商业计划书"。该活动不但有专职老师担任指导顾问，更有 50 名国内外一流企业家和风险投资家为创业提供支援。已经有研发出"病理图像诊断软件"的学生们进行了创业，他们筹集到了 1 亿日元资金。这是一个学生也可以创业的时代。株式会社 Recruit 创始人江副浩正、外号堀江 A 梦的堀江贵文也都是学生时代就开始创业了。

过去，大学创业项目大多是由大学教职员工发起的，但现在渐渐形成了一种从学生阶段就开始创业发展事业的潮流。以 2005 年创立的东京大学创业俱乐部 TNK（非东京大学学生也可以加入但需要通过选拔）为代表，最近，许多大学也出现了类似的动向。虽然大多是技术类创业，但商业模式、软件开发中也出现了一些非技术类业务。

TNK 志向高远，其旨在建立超越"日本经济团体联合会"❶ 的企业家网，并且 TNK 中已有大约 50 人进行了创业（包含东京证券交易所第

---

❶　日本经济团体联合会全名社团法人日本经济团体联合会，是与日本商工会议所、经济同友会并称的日本"经济三团体"之一，以东京证券交易所部分上市企业为中心构成。

一部上市公司）。父母们大概会担心他们因为关注课外的事情而影响学习，但我听说他们反而更爱学习了。

学生既没有人际关系，又没有经验，又没有钱，他们的优势是什么呢？是不受过去约束的冒险精神和热情。在当今信息化社会中，任何信息都可以被很轻易地获得，大人们的经验可以被超越。在变革的时代，灵活的思维和速度就是力量。这便是许多年轻人的优势。

希望他们在可靠的指导老师（顾问）的支持下能够实现梦想，也希望其他大学的学生也去进行这样的挑战。大人们也不能输哦。

2019 年 3 月 15 日

20 方便面精益求精获专利！——围绕"杯装拉面"的激战

我在"万福拉面"一节中介绍了安藤百福先生是最早发明"杯装拉面"的人。杯装拉面有很多相关专利。其中，具有划时代意义的发明应该是安藤先生的"带容器方便面制造方法"（特许第 924284 号）。

该发明所涉及的产品是将方便面装入上口径较大、底部比上口径小的倒圆台形杯状容器中而形成。这种将面饼装入容器而成的产品存在很多技术问题，比如，在运输或搬运过程中面饼会在容器中晃动然后碎掉；如果对面饼不做特殊设计就直接放入容器中，则干蔬菜包等配料包会和面条混在一起半天找不到配料包在哪里；如果放入的是面块的话，在加开水的时候开水不容易渗透到面块内部等。

为了解决这些问题，发明人将面饼放入与杯状容器相同形状的网笼中，且仅放入容器体积五成到八成的面量，然后用平的盖子盖住放入油中油炸，这样面条就会浮起并撞到盖子上，形成上表面平整，顶部紧密底部稀疏的面块。

再将油炸好的面饼放入与网笼具有相同形状、内径比油炸好的面饼直径稍大的杯状容器中。这样，面饼将刚好与容器内表面吻合而不会产生晃动。另外，面饼上表面平整且紧密，因此放入的配料包不会混在面里；顶部紧密底部稀疏，所以倒入的开水能从底部渗透到顶部。

　　该发明很重要，其他公司也想实施，这就容易引发争端。安藤先生的专利申请经过审查后在授权公告时，另一家公司就提出了异议，这导致该专利申请被驳回。因不服该驳回决定，安藤先生又提出了复审请求，通过复审获得了专利授权。接着，该专利又被两家公司提了无效宣告请求。在无效宣告请求审理中，无效宣告请求人认为该发明在申请前就已为世人所知（已知）、从已知的技术很容易想到该发明等，但最终审查员认为无效宣告理由不成立，维持了专利权。

　　这种谁都想实施的发明被专利权人独占的话，其他公司就不能随便实施了，对于与专利权人存在竞争关系的其他公司而言，这是非常不利的。因此，想要实施该专利的其他公司会提出异议请求或无效宣告请求，围绕专利有效性进行争辩。据说 2014 年至 2016 年，专利无效程序中的无效率为 18% 至 25%。

2019 年 3 月 22 日

21　用知识产权融资——中小企业多了一条活路

　　2019 年（日本平成三十一年）1 月，《福岛民报》作为头条新闻刊登了二本松信用金库（日本福岛县二本松市）认可富樫缝制株式会社（二本松市：第四届福岛工业奖银奖）所拥有的知识产权的价值进而给该公司提供融资便利的事件。这是福岛县首例知识产权融资事件。为方便中小企业进行知识产权融资，日本特许厅与日本金融厅联手开办了一项金融知识产权业务，由日本特许厅为中小企业制作"知识产权商业价值评估报告"并提供给金融机构，金融机构对"知识产权商业价值评估报告"的内容进行评估后决定是否同意融资。富樫缝制株式会社就是通过这种方式获得的融资。

　　富樫缝制株式会社研发了一种作业辅助服"S 形赋力衣"（注册商标），其可减轻工作中腰部和背部的负担。该发明具有一种特殊结构，在该结构中，当使用者做出向前倾斜以提起重物的动作时，穿着在腰部至后背的碳纤维带状弹性体会提供支撑。

此前，减轻工作中腰部和背部负担的发明大多是需要动力源的可穿戴式机器人或者具有机械装置的东西，很少有利用碳纤维弹性恢复力的。并且其结构本身也具有独创性，所以该发明获得了专利授权（特许第 6334798 号），它的国际申请也获得了具有专利性的评价。

"知识产权商业价值评估报告"是由金融机构向日本特许厅提出申请，由知识产权专家、专利代理师等对对象公司的发明、实用新型、外观设计、商标等进行实地调查、采访调查而制作的。报告中会对公司概况、知识产权产品的竞争对手公司状况以及销售渠道开拓等问题进行分析。此前，金融机构在审批贷款时进行的都是财务上的业务可行性评估，让它们综合评估公司的知识产权和技术能力是很难的。现在，通过日本特许厅提供的"知识产权商业价值评估报告"可以准确地掌握这方面情况，金融机构以此来评估公司的潜在经济价值和未来发展潜力，能够便捷且高效地作出恰当的授信（授予例如贷款等信用）判断。

对于资金匮乏的创业公司和中小企业，新的研发成果及其业务发展潜力能从知识产权方面获得评估，且这种评估还与融资挂钩，这是此前没有的做法。富樫缝制株式会社的社长也说除了获得了融资外，还拓宽了销售渠道，因为有贸易公司看到评估报告后提出要一起做业务。

2019 年 3 月 29 日

经济价值评估体系的发展

在上一节中，我们讨论了利用知识产权从地方银行获得了贷款的故事。如果公司拥有具有商业价值的知识产权，如发明、外观设计、商标等，银行则可以将这些作为授信材料提供贷款。其实，还有其他各种形式的利用知识产权进行融资的例子。

比如，可以对专利权之类的工业产权设立质权（一种担保物权，作为债权的担保，债务人向债权人移交某项财产，当债务人不偿还债务时，债权人有权就该出质物优先受偿），可以利用专利权等作为担保进行融资。专利权出质时，与其他权利出质时一样，一般是用来担保单笔借入金额的，但也可以以此为担保向银行申请综合授信，在最高综合授信额度内多次进行融资。

此外，还有另外一种以专利权作为担保来融资的形式叫"转让担保"，即将专利权等工业产权先转让给对方获取融资，通过偿还融资债务来回购所转让的工业产权。

这样的担保融资制度在日本很早就获得了法律认可，但却很少被使用。主要原因是专利权等工业产权的经济价值难以评估，金融机构畏首畏尾。但随着知识产权经济价值评估方法的发展，在促进知识产权运用的国家政策支持下，金融机构也逐渐认可知识产权作为融资授信材料。

关于知识产权的价值，当然，像专利权这样作为权利被认可的知识产权，是日本特许厅审查后认可的权利，具有财产价值。但是，并非所有专利权都具有经济价值。难以实施的专利和即使实施也难以产生利润的专利等的经济价值就比较低。日本特许厅对专利的审查仅判断该发明在技术上是否值得保护，并不审查其经济价值。

例如，"生发药"相关专利发明有很多。但是，在市场上作为产品进行出售的很少。

2017 年 10 月 27 日

22　天使投资人——不仅是资金还有前人的智慧

据说在日本"天使投资人"（对初创企业进行投资的富有的个人）比较罕见。

初创企业的资金来源是政府补助以及风险投资（投资公司＝VC）和企业风险投资（CVC）。事业尚未起步的初创企业大多难以获得来自银行的融资，而且刚成立的初创企业也很难获得 VC 和 CVC 的青睐。

于是作为创业成功的过来人，天使投资人就会进行投资。美国等发达国家有很多有名的天使投资人。据调查，日本有名的天使投资人大约有十几人。

举例来说，比如谷歌出身的创业企业家佐藤裕介先生、考生网络社区"milkcafe"的创始人古川健介先生、婚恋交友 APP"Pairs"的创始人赤坂优先生、可编辑 SNS 等信息的面向女性的网络媒体"MERY"的创始人中川绫太郎先生、外语/乐器/体育等一对一讲师的中介网站"COACH UNITED"的创始人有安伸宏先生、面向女性/学生/网站初学者等个人的租用服务器"lolipop"的创始人家入一真先生、DeNA 的共同创始人川田尚吾先生、位置信息服务平台"colopl"的共同创始人千叶功太郎先生等。

上面提到的这几位都是年纪轻轻就在互联网业务方面取得了成功，并利用通过企业并购和上市获得的资金进行了数亿乃至数十亿日元的投资。他们的成功是实践超前的新型业务的结果。

天使投资人本身也是经过了大风大浪的，因此眼光非常独到。通过充分利用自己的经验扶植初创企业助其取得成功，形成一种良性循环。而初创企业又能够同时获得到资金和前人的智慧，这对于创业公司来说是一个很好的生态系统。

2019 年 7 月 19 日

㉓ 独创系统架构的开拓者——创业公司的成功案例

2007 年（日本平成十九年）在东京乃木坂的一间公寓里，我见到了在此之前闻所未闻的专利信息分析系统。我当时就想这个系统将来一定会大有用处。

中村达生先生在三菱综合研究所任职期间，认为如果想充分利用知识产权，那么利用计算机来对知识产权信息进行分析是十分必要的，于是就进行了这样的系统的研发。但是当时三菱综合研究所并没有将这个系统作为一项事业，于是中村达生先生就带着这个系统从三菱综合研究所独立了出来。在那以后反复升级系统，并收录了日本、美国、欧洲、中国的大量专利数据，逐步做成了用户所需求的形态。

最初，由于这个系统是前所未有的并且有着较强的独创性，因此很难被社会所认可。为了让人们认识到这个系统的必要性，中村达生先生凭借一己之力举办了很多大大小小的研讨会，并且多次前往欧洲、美国和中国进行推广，还在硅谷创立了子公司，建立了自己的事业网络。

因缘际会下，中村先生在创业时我们就相识了，我一直十分支持中村先生。那个时候我们一起去中国出差，辗转到中国的大型事务所进行介绍，我现在很怀念那段时光。

中村先生成立的这家公司就是 2018 年秋天在东京证券交易所 Mothers❶ 成功上市的 VALUENEX 株式会社。该公司 2019 年 5 月被 Japan Society of Northern California 评为 "活跃在美国的五大高潜力日本创新企业" 之一。

入选理由为 "作为用于预测未来的 AI（人工智能）研发的开拓者，通过准确性高的大数据分析工具和优秀的顾问不断给客户提供高品质的咨询服务"。

该系统可以从专利数据中筛选出对于正在研发的技术来说有什么样的专利存在，并在短时间内将其以专利地图（专利的分布图）的形式直观地呈现给用户。通过使用该系统，可以直观地看到所研发的技术中哪个部分是存在专利的，哪个部分是存在空白的。用户能够在此基础上进一步缩小研发主题。日本的丰田、本田技研等大公司已经在使用该系统了。

2019 年 8 月 9 日

24　丰田开放混合动力汽车专利——掌握电动汽车主导权

据报道，丰田计划 2019 年（日本平成三十一年）4 月无偿开放

---

❶　"Market of the high-growth and emerging stocks" 的缩写，意为 "高增长新兴股票市场"。

"普锐斯"等混合动力汽车（HV）相关的 23740 件专利的使用权。

其目的是搭上现在全球油耗限制的顺风车，通过给竞争对手无偿提供专利来扩大混合动力汽车的市场。2014 年开放燃料电池汽车（FCV）专利是为了让更多的人参与到市场中来以提高研发速度，那么，丰田接下来开放混合动力汽车专利又是为了什么呢？

一方面，与德国相比，丰田在混合动力汽车方面获得的专利权数量远超德国制造商，在全球范围内丰田都是居于首位的。近年来，在日本的新车市场中，混合动力汽车销售量占近31%（2017 年），而在德国的新车市场，混合动力汽车销售量仅为百分之几。有一种说法是由于丰田在混合动力汽车专利方面一骑绝尘，其他公司只能望洋兴叹，因此慢了一步的美国、中国、欧洲的汽车制造商放弃了混合动力汽车的研发，想要通过电动汽车（EV）来扭转乾坤。

另一方面，丰田的混合动力汽车专利的有效期始于 20 世纪 90 年代中期，自 2010 年左右开始陆续到期。虽然进行巨大的研发投资取得了很多专利，但如果其他公司不参与到市场中，不去使用专利的话，就不能盈利甚至不能赚回本钱。于是丰田一方面无偿开放专利使其他公司参与到市场中来，另一方面也向无法自己生产混合动力汽车的制造商销售混合动力汽车系统，以此来扩大市场。

另外，通过相关零件的外销市场需求的增加，还可以扩大生产规模、降低成本。同时丰田可能也是为了使混合动力汽车相关技术标准化，从而在今后主要零件通用的电动汽车领域取得主导权。

电动汽车作为新一代的汽车备受瞩目，但是也存在许多尚待解决的问题，如电池成本的降低、续航里程的延长、电力基础设施的完善等。丰田可能认为在电动汽车时代到来之前，混合动力汽车还有机会收回之前的投资。

2019 年 8 月 16 日

25 中国的互联网审判——速度惊人的诉讼处理

2019 年（日本令和元年）年 9 月，我在北京参观了北京互联网法院。北京互联网法院采用了这样一个系统：原告和被告使用智能手机在线连接法院，一边和法官进行实时交流一边进行庭审。

法庭的法官面前有 3 个屏幕，右边显示的是原告的手机视频连线，左边显示的是被告的手机视频连线。而双方的证据资料和发言内容会自动转换为文字显示在中间的屏幕上。原告和被告一边看着这些画面，一边按照法官的指示进行各自主张由此进行庭审，据说大约 30 天会出审判结果。是的，这不是科幻小说，而是现实中存在的。

在日本，基本上原告和被告不出庭的话是没有办法进行审判的。诉状和证据等也必须全部以书面形式提交。因此，审理时间长，知识产权诉讼至少要 1 年。

中国的互联网法院是在互联网业务急速发展、纠纷激增、按照以前的方式应对不过来这样的一个大背景下应运而生的。它能够快速地处理案件，同时也是世界上首个互联网法院。或许这样的互联网法院迟早会被普及，而率先迈出这一步的中国真的十分了不起。

用户访问该系统，以回答问卷的形式将自己的案件内容输入系统中，就可以看到审判的胜诉率。诉状也是以问卷答复的形式自动制作。为了使用户能够轻松地使用，法院设有模拟法庭体验室，在这里还会有工作人员进行指导。庭审中，发言内容会被自动翻译（按地域中文分为广东话、上海话等，这里的翻译是将这些方言翻译为普通话）并书面化显示在屏幕上。一边看着屏幕一边进行诉讼。

诉讼的记录也会通过原告、被告在智能手机上进行电子签名而变为正式的诉讼记录。为了防止证据被篡改，法院使用了区块链技术。如果是简单的程序，会由人工智能（AI）法官出面。庭审情况是公开的，可以通过智能手机进行观看。乍一看这个系统简直是惊世之作，但是为了防止被非法利用，似乎公民的信息完全地处于监管之下，也让人感到信息社会的可怕之处。

2019 年 9 月 20 日

26 硅谷创业公司的挑战——独创性才是最重要的

我听过一个故事，是日本的一家信息通信技术（ICT）领域的创业公司在硅谷的真实经历。

硅谷是位于美国加利福尼亚州的圣塔克拉拉谷及其周边地区的别称。以苹果、英特尔、谷歌、Facebook、雅虎等为代表的许多软件和互联网相关企业都诞生于此。现在已经成为 ICT 企业的一大基地，被称为创业者的圣地。

故事中的这家创业公司为了开展全球业务而入驻了硅谷。硅谷有一个日系创业公司和创投等聚集的地区，这家企业在这里开始了它的商业活动。由于仅局限在日系的圈子里很难抓住商业机会，于是这家企业就撤回了日本，以日本企业为对象进行了销售渠道的拓展。在日本国内取得了一定程度的发展后，它再次向硅谷发起了挑战。

鉴于上次的失败经历，这次该公司并没有急着踏进日系圈子，而是直接试着去接触了一个日本人以外的圈子，令人意外的是，其轻而易举地便被接纳了。那个圈子里有很多各种各样的交流会议以便大家彼此抓住商业机会，而且很容易就能参加这些会议。这家公司在其中结识了很多志同道合的伙伴，也获得了越来越多的商业机会。

这个圈子始终寻求独创性，也就是说，最重要的就是与众不同，如果只是在他人基础上做的改进，那么在这里会被认为不值一提。只有前无古人的挑战才会有吸引力，才有大的机遇。

这家公司是在日本取得了一定程度的成功以后才进入这个圈子，但是这些成功反而成为它的绊脚石。其本身风格比较适合日本企业，却并不适合外国人，据说认识到这点后这家公司是经过了一番脱胎换骨才被

— 32 —

接纳的。令人高兴的是，有位英国学生在网上了解到这家公司后，专程来到了美国，表示要和这家公司一起打拼并成功入职了该公司。

2019 年 9 月 27 日

27　在海外早些注册商标，以防抢注

就运营日本品牌"無印良品"的株式会社良品计画的关联公司 MUJI 上海于中国国内使用了商标"無印良品"一事，发生了一起诉讼。2017 年（日本平成二十九年）年末，在被告为 MUJI 上海的一起诉讼中，北京法院认可了作为原告的中国企业的主张，并作出了被告支付赔偿金 62 万元（约 1020 万日元）等的判决。对此，日本媒体也以"真的竟输给了假的"进行了报道。

事情的起因是，进入中国时株式会社良品计画对很多商品都以"無印良品"进行了商标注册，但是对于床罩、毛巾等商品，在此之前是由中国企业进行注册的。对此并不知情的 MUJI 上海在这些商品中使用了商标"無印良品"。

虽说并非是在所有的商品中都不能使用商标"無印良品"了，但是 MUJI 上海当然也是不认可上述判决的。中国发生的这类案件不止这一起，例如美国 New Balance 公司因将"新百伦"（百伦为 Balance 的音译）用于鞋子而被判禁止使用，美国苹果为购买中国企业注册的商标"iPad"而支付了 6000 万美元等。这类案件现在已经成为国际问题。

在日本，"与日本国内或国外的他人知名商标相同或近似的商标且出于不正当目的予以使用的"是不予注册的。但是"国外的"这一表述是 1996 年商标法修订时加入的，自那以后才终于有效防止了国外知名品牌的不正当注册，而在此之前并不能排除这种情况。

无论是中国还是日本，商标注册都遵从在先原则，即"最先注册者优先取得"，原则上不考虑其他国家的情况，在这点上两国是相同的。因此，有些无良之辈认为日本企业等的商标奇货可居便擅自进行了

注册，有的是注册后再转卖给对方，有的是一旦发现这些企业使用了相关商标就去起诉人家。中国考虑到这种情况，也制定了这样的规定，即"不得擅自注册虽未经注册但在中国已被公众所熟知的商标或他人在先使用的具有一定影响力的商标"。

但是，审查过程中大多不考虑这种情况，现状是一旦被抢先注册就很难将其排除掉。因此，如果想在其他国家做生意的话，最好早些注册来保住自己的商标。

2019 年 10 月 11 日

28 解决问题的手段也能成为专利——向智能化学校迈进

物联网（IoT）时代，学校教育将发生变化。自 2017 年（日本平成二十九年）起日本文部科学省的"新一代学校支援模式建设项目"与日本总务省的"智能学校平台实验项目"进行了合作。

其中，福岛县新地町的福田小学、新地小学、驹岭小学、尚英中学被选为地区试点学校。为了提高教育质量，这些学校构建了一套系统，整合了校务类数据和学习类数据中的有用信息。

这是一种新的尝试，充分利用学生的个人数据掌握学生的身心状况和学习情况，提供个性化的帮助，通过各科教学数据来掌握各科的教学情况以改进每位教师的教学方法。在万物互联的时代，学校教育也会因学生、老师和家庭之间的信息互通而使交流变得更加顺畅，并且能够掌握每个人的情况，以往难以实现的全面细致的教育教学和学校运营也将变得更加顺利。

全国的地方自治体也进行了这样的尝试。横滨市在教职工工作方式改革方案中推出了"连接学校和家庭的信息共享系统"。利用专用号码24 小时受理缺勤请假申请，自动统计学生家里来的电话，学校可以对学生的缺勤迟到情况进行确认，而且可以利用该系统联系监护人。

横滨市有很多家庭是从各个国家移居过来的，由于文化习惯等的不同而存在很多问题，比如与孩子学校进行沟通的时候，一些原本简单的咨询事宜和联系事宜也会变得比较困难。于是就研发了一个系统，这个系统能够根据学生家庭的文化和习惯使用易于理解的文章和表述使沟通变得更加顺畅。

实际上这个系统是公司规模仅几个人的株式会社 137（东京港区）取得的专利号为第 6533892 号的日本专利。像这样解决社会问题的系统也作为专利获得了认可。

2019 年 11 月 15 日

29 日本的企业文化创造荣誉——诺贝尔奖得主吉野彰先生（一）

吉野彰先生因锂离子电池的发明于 2019 年（日本令和元年）10 月获得了诺贝尔化学奖。吉野彰先生发明的电池具有划时代的意义，小到手机大到电动机车等都可以使用，可以充电，也可以携带。该发明的特征为在电池的负极中使用特定晶体结构的碳材料使其性能有了划时代的提升（日本专利第 1989293 号）。

吉野彰先生获得诺贝尔奖这件事在社会上获得了广泛关注，其中一个原因在于这是由一个日本普通公司（旭化成株式会社，以下简称"旭化成"）的员工所创造的一项划时代发明。这是因为，虽然在日本，株式会社岛津制作所的田中耕一先生、日亚化学株式会社的中村修二先生曾经也得过诺贝尔奖，但是在国外，公司员工获得诺贝尔奖是很少见的。

作为企业，不盈利就无法生存。对于企业而言，研发一项与主业相去甚远且盈利慢的技术是比较困难的，何况旭化成也不是做电池的。

旭化成主要是做材料的，是一家规模超万亿日元的跨国公司，其口号是"畅想明天、构筑未来"，业务涉及石油化学、住宅、建材、电子、医药、医疗等多个领域。在其理念中对员工的要求是"挑战与变化""诚实、有责任心""尊重多样性"，对领导的要求是"突破条条框框的思想和行动"。

旭化成的创始人野口遵先生是电气工程师出身，在从事发电事业期间在日本国内首次成功地制造出了碳化物（碳化钙）。他在激烈的专利获取战中取得了胜利，获得了德国的氨合成专利并在此基础上进行改良，将自己的事业做大做强。创始人的行动力和挑战精神以及全球化思维是蕴含在旭化成的企业 DNA 里的。吉野彰先生成功的背后可能也有这种企业文化的影响。

另外，并不是研发出成果就万事大吉了。即使很幸运地得到了投资使研发得以继续，在将研发成果转化为产品的时候也很容易遇到挫折。在技术经营领域，将这第一道鸿沟称为"魔鬼之河"。即使成功地将研发成果转化为了产品，也有可能败在销售上，这就是"死亡之谷"。而即使历经万难跨越了"死亡之谷"成功将研发成果商业化，还会面临如何使这番事业存续下去、发展下去的难题，这就是"达尔文之海"，在这个阶段必须努力在激烈的竞争中生存下去而不被淘汰。

旭化成在创新方面是一个成功的典范，其经过一番努力将研发成果转化为了产品（跨过了"魔鬼之河"），1993 年（日本平成五年）通过与株式会社东芝成立合资公司成功实现了商业化（穿过了"死亡之谷"），在为销售一筹莫展的时候，笔记本电脑因"Windows 95"而迅速普及，市场需求扩大，旭化成幸运地借着这股东风在竞争中取得了胜利（闯过了"达尔文之海"）。

2019 年 11 月 22 日

30 **洞悉时代趋势的嗅觉——诺贝尔奖得主吉野彰先生（二）**

吉野彰先生在接受采访时曾说道：

"我认为在研发中，有三点是必不可少的，那就是顽强的精神、乐观的心态和洞悉时代趋势的嗅觉。简单来说，研发就是将社会需求和技术资源相匹配的过程，但是这说起来容易做起来难，因为不论需求还是资源都不是一成不变的。研发本来就是会遭遇很多失败，要根据需要去修正自己的轨道，反复假设和验证。自 20 世纪 80 年代初期以来，我就深信'总有一天人们随身携带电子设备的时代会到来'。"［Diamond Online，日本一家主要出版经济、商业等书籍、杂志的出版公司，2018 年 10 月 31 日稿］

吉野先生列举的三点中，我认为在想有番作为的时候"洞悉时代趋势的嗅觉"是最重要的。日本之所以在信息通信技术（ICT）领域起步较晚，曾经全球领先的日本家电制造商不敌美国乃至中国、韩国企业的原因就是缺乏"洞悉时代趋势的嗅觉"。

日本企业只是单纯地将互联网当作一种新的通信形式，完全没有想到通信世界的变革会改变整个世界。为什么会这样呢？其中一个原因是在此之前日本虽然认识到技术进步会改变世界，但是完全不关心世界会变成什么样子。日本认为那是结果，不是自己能左右的，企业的任务是技术创新，由此引起的社会变革不是自己的事。

虽然日本有些企业意识到了这个问题并采取了行动，但是主流企业并没有行动起来，所以收效甚微。

据报道，吉野彰先生预言"锂离子电池的研发带来的好处不仅是方便蓄电，对于以往无法储存而浪费掉的电也能存储起来。由此能源的利用方式会发生变化，世界会发生改变，从而诞生一个前所未有的、崭新的世界"。而诺贝尔奖正是对其价值的肯定。

2019 年 11 月 29 日

31　先描绘出商业模式——诺贝尔奖得主吉野彰先生（三）

锂离子电池的发明具有改变以往的能源利用方式进而改变世界，创造一个前所未有的世界的力量。其是可以与第一次工业革命中的"蒸汽机"、第二次工业革命中的"电力"等相媲美的技术创新的基础。

上文中提到了此前一直推动技术创新而改变世界的日本电机产业之所以起步晚是因为它们认为企业的任务是技术创新，由此引起的社会变革并不是自己的事。

我认为是上述这个原因。从以往的历史来看，以前即使诞生了一项改变世界的革命性技术，那也是先在企业中进行培育，然后推广到世界，世界才发生变化的。这个过程是很长的。但是现在可以充分利用大数据和人工智能（AI），通过物联网（IoT）在全世界同时展开相同的事业。可以说，我们已经进入了一个革命性技术以极快的速度使世界发生巨大变化的时代。产业状况已经发生了变化。

日立制作所株式会社意识到这点以后就着手开展了改变城市的"智慧城市"事业，并很快取得了盈利。

现在想要开创一番事业的话，首先要考虑的就是商业模式，也就是说如何开创自己的事业。推荐的做法是想清楚自己要使用什么样的技术或系统开创怎样的事业，描绘出其商业模式来推进自己的事业。

伊藤忠商事株式会社看中了电池的再利用。预计今后由于电动汽车（EV）等锂离子电池会被大量使用。充分利用已不能再用于 EV 等中的电池，并将其用作应急电源或太阳能发电的蓄电池。通过将以往无法存储而浪费掉的电存储起来，能源的利用方式将发生变化，世界会发生改变，从而诞生一个前所未有的、崭新的世界。

2019 年 12 月 6 日

32 法官的心证——初期的比拼决定胜负

知识产权纠纷最终会通过诉讼来解决。知识产权诉讼有两种：一种是日本特许厅不授权时产生的纠纷，另一种是知识产权受到侵犯时产生的纠纷。

前者是申请人以日本特许厅厅长为被告提起诉讼，后者是权利人以侵权人为被告提起诉讼。前者的情况下，专利代理师可作为诉讼代理人参与知识产权法院、最高法院的审理。在后者的情况下，从地方法院至最高法院的诉讼过程中，专利代理师可作为原告和被告任一方的辅助人员，与律师一起成为共同诉讼代理人。诉讼是最后的解决手段，因此当事人双方都会竭尽全力。

这时，大家最关心的就是法官会怎样判断了。我有幸与刚退休的法官交流过，请教了知识产权法院的法官是怎样被任命的，审案子是如何进行审理的。

专利方面的诉讼牵扯到技术，很多人会担心非技术专家的法官能不能作出恰当的判断。审理知识产权案件的法官多是理工科大学出身，另外，为了弥补技术上的专业性，法官会和法院聘用的专利代理师等调查官、专业委员一起进行审理，这是日本特有的制度。知识产权审判由审判长和 2 名陪审法官合议进行。

原告提交诉状，被告提交答辩文件后，诉讼就开始了。当事人表达完自己的主张以后，合议组会和调查官或专业委员进行商议，然后给出结论。知识产权诉讼很多最后都达成了和解。这是因为，知识产权诉讼说到底还是经济问题，因此还是很容易达成共识的。法官在诉讼中一旦产生了某一方比较有利的心证❶以后，就会介入其中，劝双方坐下来谈一谈以达成"和解"。

和解过程中法官会透露他的想法，并询问当事人是否通过和解来解决。如果当事人不同意，法官就会进行判决。据说法官的心证在诉讼初期就在某种程度上已经形成，而且之后很少被颠覆，可以说初期的比拼决定了诉讼的胜负。如果能和解的话，也就没有后续的纠纷了，因此法官比较推荐和解。

2019 年 12 月 20 日

❶ 法官通过证据的审查判断所形成的内心确信，称为"心证"。

33 日本创新 100 项——战后的日本生活改变了世界

2016 年（日本平成二十八年）日本发明协会以问卷调查的形式对日本战后的创新进行了评选。通过这次评选，我再次对日本创新的"量"与"质"叹为观止。

排在前十的是内窥镜、方便面、动漫、新干线、丰田生产方式、随身听、卫洗丽、家用游戏机和游戏软件、发光二极管、混合动力汽车。

从我们身边来看，在战后恢复期（1945～1954 年）有鱼群探测机、维尼纶、拉链等 6 项。

在经济高速增长期（1955～1974 年），有自动电饭锅、晶体管收音机、越光❶、旋转寿司、公文式教学法、小型（轻型）汽车、SUPER CUB❷、数控机床、雅马哈音乐中心、蔬菜嫁接、订座系统、富士苹果、人造革、台式电子计算器、微波炉、自脱型联合收割机和插秧机、卡拉 OK、自动检票系统、邮件自动处理装置、软罐头、石英手表、阴极射线管电视机、场致发射型电子显微镜、工业用机器人、便利店等 32 项。

在稳定增长期（1975～1990 年），有碳纤维/碳纤维复合材料、移动电话、家庭用录像机、快递、图像传感器、日文文字处理机、全自动横机、激光打印机、G3 传真机、半导体曝光装置、变频空调、汽车导航系统、ATM、CD/CD－R、卫星直播服务、笔记本电脑、预制装配式住宅、加酶浓缩洗涤剂、光通信用半导体激光/光纤制造方法、闪存、薄型电视、高清电视、电磁炉、中空纤维等 38 项。

在现代（1991～2000 年），有液晶显示器、锂离子电池、超级计算机、道路车站、光催化剂、二维码、数码相机、DVD、非接触 IC 卡技术、高效煤火力发电、长大桥建设技术、太阳能电池单元、多功能移动

---

❶ 日本有名的大米品种和品牌。
❷ 本田公司的摩托车系列产品，中文译名一般翻译为超级幼兽。

电话、移动电话等的数字信息加密技术、循环再利用等 19 项。2000 年以后的诱导性多能干细胞（iPS 细胞）等未被列入其中。

上述创新改变了我们的生活和世界，对此我深有感触。

2019 年 12 月 27 日

专利申请量每年 30 万件

上文介绍了日本战后创新 100 项。创新的英文"innovation"在日语中译为"技术革新"，而如早稻田大学的清水洋教授在《遍地开花的创新——日本经济超越"失去的二十年"》（新潮社）中所说的那样，创新是"创造经济价值的新生事物"，不单是指技术，可以看作是包括世界上所有经济机制和活动在内的革新。

将动漫、旋转寿司、公文式教学法、雅马哈音乐中心、快递、卡拉 OK、订座系统、自动检票系统、便利店、道路车站等活动和机制也列入创新 100 项中，我认为是对的。

的确一旦诞生一项革命性技术，那么就会诞生一个前所未有的崭新的世界。由于新干线、小型（轻型）汽车、SUPER CUB、汽车导航系统，交通系统发生了变化；由于 G3 传真、移动电话、多功能移动电话，通信发生了变化；由于丰田生产方式、数控机床、自脱型联合收割机和插秧机、工业用机器人等，生产技术发生了变化。

由于晶体管收音机、自动电饭锅、台式电子计算器、微波炉、软罐头、变频空调、高清电视、电磁炉、笔记本电脑、数码相机等，人们的生活发生了变化。而这一切都是因为我们研究出实现这些的技术：图像传感器、激光打印机、半导体曝光装置、光通信用半导体激光/光纤制造方法、闪存、液晶显示器、锂离子电池、非接触 IC 卡技术。

这些创新都是许许多多的发明和新商业模式带来的，从这些创新中，我再次深切地感受到了日本改变了战后的世界。

现在，日本专利申请量达到一年 30 万件，其中有一半获得了授权。每年都持续不断地有新的发明，不断地改变着这个世界。回首过往，作为每天都和这样的发明打交道的专利代理师，我对日本知识产权的巨大力量深有体会。

2020 年 1 月 10 日

使生活变得更好的手段

在 2019 年（日本令和元年）8 月出版的《遍地开花的创新——日本经济超越"失去的二十年"》一书中，作者清水洋教授基于以往的关于创新的学术研究，探讨了什么是创新，其功过是什么，就"日本经济超越'失去的二十年'"进行了讨论。其中也提到了上文所说的"创新 100 项"。

书中记载：简单地说，创新就是指"创造经济价值的新生事物"。其是经济增长的源泉之一，同时在这个过程中打破已有的旧事物，创造新事物，其在财产所有制和保护新生事物的知识产权制度中自然而然地产生并且自由地成长（称之为"遍地开花"）。破旧立新，必会有失有得。对于有所失的那些人而言为弊，对于有所得的人而言为利。因此，虽然短期内会损害一部分人的利益，但是从中长期来看是有益于整个社会的。

的确从全球范围来看，日本的"创新 100 项"中，破坏性的创新很少，大多都是使原始技术更加成熟的积累性创新，而且独创的少，实用的多。

书中还指出：在日本，人和资本等的流动性低，因此创新容易局限于既有的组织中，难以产生颠覆性的创新。之所以会这样，是因为我们在用人方面讲究资历，还有就是我们比较擅长中长线发展。

那么，今后日本应该怎么做呢？提高人和资本的流动性，促进创新会让我们实现"真正的幸福"吗？对此，清水洋教授在书的后记中有所提及。产生创新时，很多工作会受到影响，还有一些人会失业，短期内贫富差距也会扩大。可能也会有人在竞争中感到疲惫不堪。要想解决社会问题就得促进经济增长，但是并不是只有经济增长才是幸福。清水洋教授在书中总结道："创新不过是让我们的生活变得更好的手段。"推荐大家读一读这本书。

2020 年 1 月 17 日

34 进入实现发明的时代——IoT 技术的世界

据说物联网（IoT）将改变世界。借助互联网远程控制机器人将会越来越普及。

自 2020 年（日本令和二年）起，川崎重工业株式会社将推出一款新的机器人系统，该系统可通过远程协助还原熟练工人的动作。而以前熟练工人的技能传承以及作为传承人的年轻人才保障是比较困难的。

解决这个问题的手段之一是在劳动力丰富的新兴国家的工厂使用自己的技术。但是熟练工人的技能传承是需要时间的，因此，如果在新兴国家的工厂使用一些机器人，将母工厂的熟练工人的技术和技能数据化，借助互联网操作当地工厂的机器人系统的话，就可以一边等待新兴国家的人才成长，一边充分利用发达国家技术。如果这件事能够实现的话，那么全球的生产制造将发生翻天覆地的变化。

我以为这样的发明是最近才有的，实际上 21 世纪初期就诞生了许多发明（特开 2002－307000 等）。但是，那个时候通信速度和计算机的处理速度比较慢，因此还只是纸上谈兵。而现在我们终于迎来了实现它的时代。即使想法再好，没有实现它的手段的话，这个想法也难见天日。

2018 年株式会社 NTT DOCOMO 与丰田汽车开始尝试使用 5G 线路进行机器人的远程控制，并宣布在相隔距离为约 10 公里的操作环境下成功地控制了丰田研发的人形机器人。如果能使用最新的通信技术实现人形机器人的远程操作，那么就可以在受灾地区、对人体有害的场所以及危险场所实现高效作业。

如果能利用这样的技术，那么以前不被视作雇佣对象的肌萎缩侧索硬化症（ALS）患者、脊椎损伤者等重度残疾人也可以通过远程控制机器人在咖啡店接待客人。现在已经在进行这样的实验了。

2020 年 1 月 24 日

35 期待 Z 世代——不拘泥于过去

在美国，1960 ~ 1974 年出生的人被称为"X 世代"，之后的 1975 年至 20 世纪 90 年代上半段出生的人被称为"Y 世代"，20 世纪 90 年代后半段至 2010 年出生的人被称为"Z 世代"。在日本相当于泡沫经济破裂后出生的那一代人。

为什么现在我会关注 Z 世代，是因为我觉得在大学课堂上接触到的大学生的反应与以前的学生完全不同。

Z 世代是自出生起就与计算机打交道的"数字原生代"，一方面，在出生率下降的背景下他们隐私保护意识高，在线上大量消费音乐；另一方面，在信息社会的背景下他们不看重品牌更看重本质，按时与朋友沟通，有很强的创业精神。

每年我都会以"看中国思日本"为题在大学教授知识产权方面的课程。头一次采用这个主题是在 2010 年（日本平成二十二年），当时中国将知识产权战略作为国策（2008 年定为国策）没多久，中国专利申请量也比美国少，只略多于日本的 35 万件。而 2011 年中国发明专利申请量超过美国跃居世界第一，2019 年达到 140 万件，是日本的近 4 倍。在这大约 10 年里，中国的知识产权活动爆发式地增长。产业也急速发展，成为仅次于美国的经济大国，威胁到美国的地位，中美之间正在发生一场贸易战。

我开设了一门对中日两国这 10 年间的变化进行对比，以"知识产权"为切入点进行讨论的课程。几年前学生们的反应是对中国的戏剧性增长感到惊讶，还有些难以接受。而现在的学生直接接受了现实，并且思考我们应该怎么做。有越来越多的学生认为如果说大公司将来可能也岌岌可危，也不知道在第四次工业革命中世界会变成什么样子的话，那么就直面现实，在其中思考生存之道。

希望他们能不拘泥于过去，突破日本原有的条条框框。我很期待他们活跃在未来的舞台上。

2020 年 2 月 14 日

36　超越半个世纪的传奇经历——吉村作治先生的 77 岁寿宴

前几天，吉村作治先生在母校早稻田大学附近举办了盛大的 77 岁寿宴，吉村作治先生是有名的埃及考古学者，也是岩崎市东日本国际大学的现任校长。

2019 年（日本平成三十一年）春天，我和吉村作治先生一起参观了埃及正在发掘的"第二艘太阳船"的现场。当时，吉村作治先生给我讲述了迄今为止的埃及学研究的艰辛和成就以及他在埃及学方面 50 多年的传奇经历。

这段传奇经历的契机是吉村作治先生在上大学的时候决定研究埃及，并于 1966 年（日本昭和四十一年）和朋友们一起访问了埃及。自此沉迷埃及考古学，现在也致力于此。其间，吉村作治先生的志向曾一度得不到认可，在克服了很多物质和精神方面的磨难以后才得到了埃及政府的发掘许可，经过 10 多年的努力终于发现了遗迹，获得了社会认可。之后，吉村作治通过充分利用日本精良的科学仪器发现了未发掘的遗迹。

吉村作治先生 1992 年成立了早稻田大学埃及学会，2000 年创立了早稻田大学埃及学研究所，在埃及进行遗迹发掘，发现了很多宝贵的遗迹。这是历史上的"智慧的财富"。

在这里特别想跟大家分享的是继埃及 2011 年在胡夫金字塔附近发掘了"第一艘太阳船"之后，吉村作治先生 2011 年发掘了 4500 年前的"第二艘太阳船"，其复原工作也仍在进行中。吉村作治先生的孩子们也在现场支持他的工作。

吉村作治先生是一个精力充沛的人，不仅参加了很多电视节目，还出版了300多种书。据说他把赚到的钱都投入了埃及学中。吉村作治先生曾不经意地说，“我现在还是租房子住。”吉村作治先生的这种精神也吸引和帮助了许多人。

迎来了喜寿之年的吉村作治先生最大的愿望是发现“胡夫墓”。一般认为吉萨金字塔是胡夫的墓，而吉村作治先生认为胡夫的墓一定在别的地方，并仍在进行调查。

2020年3月27日

37 通过创新振兴地方经济——福岛产业奖盛况

2020年（日本令和二年）2月举行了“福岛产业奖”（又名“福岛经济·产业·产品制作奖”）第五次表彰大会。这个奖的目的是表彰福岛的优秀企业和经营者的努力，弘扬在全国引以为傲的福岛的技术和产品制造精神，增添地区活力。

每年有超过100家公司的经营者参选，学生组（高中、大学）有二十多所学校参选。由各行各界的专业委员进行选拔，最终由选委会来决定最高奖项“知事奖”等花落谁家。在第五次表彰大会中有33名经营者获得了特别奖以上的奖项，特别是在学生组，由诺贝尔化学奖得主吉野彰先生向兢兢业业从事生态汽车研发的高中学生颁发了“吉野彰奖”。

“福岛产业奖”的评选标准是，不论事业规模如何，只要是让福岛人引以为傲的、先进的地方事业或者通过地方合作给地方作出了贡献的事业等即可。表彰大会后举行了交流会，介绍获奖人的事业，往届获奖者也会参加，这是一个孕育新合作和新事业的契机。2020年向一直促成获奖人之间合作的会津地区的经营者授予了“地区合作奖”。

这个奖是2015年为了鼓励遭遇了东日本大地震和核泄漏事故的福

岛县人民，让人民看到在该地区一直努力着的人们的样子，引导大家一起积极进行灾后重建而设立的。2019 年增设了"福岛少年挑战赛"，募集中小学生的地区活动和创意，表彰优秀学生。全县收到了 133 份参选申请，其中 49 件获得了铜奖以上的奖项。参选内容是各种各样的"创意的宝箱"。

2021 年"福岛产业奖"将迎来第六届评选。一届一届的评选中令我深有感触的是福岛人与地区融为一体向新事物发起挑战的活力，而且这股力量也越来越强大。所有的获奖者携起手来打造发展一番新事业的样子真令人动容。这可以说是通过创新振兴地方经济。

2020 年 4 月 3 日

38 创新的窘境——"突破性"创新胜利之时

以对企业创新的研究而闻名的美国哈佛大学商学院克莱顿·克里斯坦森教授于 2020 年（日本令和二年）年 1 月去世。毫不夸张地说，没有克里斯坦森教授提倡的"创新的窘境"❶，就没有创新论。

克里斯坦森教授认为创新分为对现有产品进行改良的"持续性创新"和打破现有产品的价值创造全新价值的"突破性创新"。

优秀企业会在通过持续性创新力图打造更好的产品的过程中建立自己的事业。由于其会拘泥于既往事业的成功，所以往往容易轻视前所未有的突破性创新。即使产生了可以取而代之的突破性创新也难以完全舍弃成就了其成功的持续性创新事业。而且存在这样的困境，在突破性创新事业取得了进展以后，以往的持续性创新事业进行不下去了。关于这点，克里斯坦森教授举了很多例子进行论证。

在摩托车界，美国的哈雷戴维森公司（以下简称"哈雷"）曾称霸美国。大约在那时，日本本田株式会社开发了一款小型摩托车 SUPER

---

❶ 克莱顿·克里斯坦森著《The Innovator's Dilemma：When New Technologies Cause Great Firms to Fail》，中文版译作《创新者的窘境》。

CUB，并将其出口到美国。一开始并没有受到重视，但是 SUPERT CUB 在非公路上行驶时，人们发现其容易操作又便宜，因此销售量剧增。

哈雷的产品价格高而且收益率也高（持续性创新），因此当时哈雷并没有将收益率低的本田车（突破性创新）放在眼里。但是随着选择本田株式公社的 SUPER CUB 的人越来越多，哈雷的销售额锐减，经营陷入了困境。

我们身边发生的突破性创新取代持续性创新的例子很多，比如数码相机取代胶卷相机、智能手机的拍照功能取代数码相机等。

2020 年 4 月 10 日

在被打破之前建立新事业

我们根据克里斯坦森教授的著作《创新的窘境》❶ 总结一下他的观点。

"持续性创新"是在一般的产品和服务研发中，以满足现有用户需求的形式持续进行改良，进一步提高所提供的价值。通过不断地重复这一过程，使自己公司的产品和服务能够维持/扩大市场份额。而"突破性创新"不一定是新的技术，也可以是比现有产品的高性能/高功能化，反其道而行，通过压低性能实现低价等方式获得新的用户，同时在不知不觉中实现创新，乃至抢夺既有主要企业的产品和服务的市场。在技术成熟速度快的高科技市场，经常可以看到这种突破性创新。

产品和服务从进入市场到退出市场要经历 4 个阶段，即导入期、成长期、成熟期、衰退期，在生命周期短的高科技市场更容易发生突破性创新。

但是，窘境的本质不是因为高科技，大公司之所以会错过突破性创新是因为它们更倾向于重视既有用户的需求。

大公司的优秀经营者在作出重要经营决策前，会根据市场需求、市

---

❶ 克莱顿·克里斯坦森著《The Innovator's Dilemma：When New Technologies Cause Great Firms to Fail》，中文版译为《创新者的窘境》。

场规模、用户需求、投资回报率、事业收益性等作出最佳投资决策。

因此会自动排除无法从逻辑上解释用户的需求、市场规模、收益性的项目。由于引入尚未被社会认可的新技术是有风险的，而且当前的事业已经取得了成功，因此很难下决心迈出那一步。在犹豫不决的时候，新技术不断发展产生突破性创新，由此使大企业陷入市场被夺后再去采取对策的局面。

为了避免这样的局面，大企业需要看清现有事业是在成长期、成熟期，还是衰退期，在现有事业被打破前开创新的事业。这将成为将来的一个分水岭。然而如果现有事业一直不变的话，则很难进行判断。

2020 年 4 月 17 日

期待年轻创业家的出现

将"innovation"译为技术革新的话，似乎就局限在技术方面了。但是，如果像之前介绍的那样，将其理解为"创造经济价值的新生事物"的话，那么我们将看到另一个世界。现在第四次工业革命正在进行中，当前日本少子化、老龄化还在持续，因此现有事业也发生了很大的变化。

大企业正在摸索给刚起步的创业公司投资将其转换为下一步要做的事业，已经成功的中小企业也在努力摸索开拓新事业。但是，这些企业已经凭借现有事业取得了成功，因此很难开创不同于现有事业的新事业。比如有人会说"我们最好不要去冒那个险，还是进一步发展现有事业吧"，有这样的内部阻力存在，那么自我改变的速度自然就会慢下来。于是很多企业采用与其亲自上阵，不如给初创企业投资的方法，一边对冲❶风险，一边伺机而动。

2020 年 4 月，新型冠状病毒肺炎疫情（COVID‑19）在全球蔓延，死亡人数众多，为了避免人与人之间的接触，很多大型活动都停止了，

---

❶ 对冲是金融学术语，指特意减低另一次风险投资的投资。——编辑注

股价暴跌，很多人感到焦虑，仿佛金融危机和东日本大地震同时到来了一样。由于疫情结束遥遥无期，原定 7 月举行的东京奥运会也延期了。有人担心对新事业的投资会因此而萎缩。

日本第一次风险投资热潮始于 1970 年左右，因 1973 年的第一次石油危机而告终，10 年后的第二次风险投资热潮因 1985 年广场协议导致的日元升值而告终，第三次风险投资热潮因 2004 年左右的互联网泡沫的破裂及株式会社 Livedoor 等创业公司的丑闻而告终。那么 2014 年左右兴起的第四次风险投资热潮会因为新型冠状病毒肺炎疫情而告终吗？

心怀鸿鹄之志的年轻创业家积极勇敢地挑战新事业，才终于使日本迎来了新的创新潮流，真不希望它因此消失啊。

2020 年 4 月 24 日

39 改变日本的机会——日本创业企业家学会的提议

面对席卷全球的人类历史上前所未有的新型冠状病毒肺炎疫情，我所在的日本创业企业家学会提出了 7 项紧急提议。我们认为这次危机反而是改变日本的绝佳机会。

（1）新型冠状病毒肺炎疫情将成为我们强制进行社会转型的一大契机，而担此重任的就是无惧风险大胆挑战的创业者。

（2）基于这一认识，我们应该打破阻碍创业的规章制度。如果我们能充分利用四个优势（地理优势、人才优势、历史优势、技术优势），那么我们能为全球可持续发展目标（SDGs）作贡献的事业领域将会是无限的。为此，应摒除行政上的割裂以及妨碍第四次工业革命的制度等。

（3）政府主导重大社会改革项目并将创业引入其中，国家直接与最尖端技术的创业者签订合约，对创业公司和被其构想所吸引的人才进行评价，推出广泛全面的项目。

（4）打造流动性高的人才市场，促进大企业的人才流动使他们积极参与到尖端技术的创业中。企业工会制、终身雇佣、年功序列制曾是战后日本竞争力的源泉，但是现在越来越行不通了。在长命百岁已成为可能的现在，对于那些想要从故步自封的现有企业中走出来、迎接新挑战的人才，给他们提供更多的再教育的机会，促进他们"自立、自律、自我推动"。

（5）政府为支持创业的民间风险投资提供援助。日本对创业者的投资创下了历史新高。我们不能放松，要继续给创业者投资，使其不断发展壮大。

（6）为了使大学等的研究成果和企业拥有的技术通过创业来实现创新成果落地，继续保持国家一直以来推行的包括知识产权在内的支援工作。

（7）为了培养创业公司，继续加强创业人才的培养。（以上内容总结自紧急提议书"疫情过后如何恢复"）

这是在一线支持创业的每个人的心声，也是他们强烈的愿望，他们由衷地希望熊熊燃烧的创业之火不要熄灭。

2020 年 5 月 1 日

40　疫情下的紧急提议——思考创意的好机会

在新型冠状病毒肺炎疫情蔓延的背景下很多产业活动都因为控制外出和避免"三密"（密闭、密集、密切接触）而搁置了，大家都处于焦虑不安的状态。首先，为了减少病亡人数，使一切回归正轨，我们必须改善这一状况，使疫情早日结束。但是，大家都担心这一状况不会轻易改善。那么这种情况下我们又能为下一代做些什么呢？

创造新的技术和服务的发明创造活动有时候躺在床上也能进行。虽然有些发明是必须进行实验和试验的，但是商业模式的发明等没有实验也能进行。领先于时代的社会所需求的商业模式可以通过大脑来完成。

MEDCARE 株式会社（东京丰岛区）持有的专利是关于"远程诊

疗"服务的商业模式。对于远程医疗费用高这一由来已久的问题，有位医生提出让医疗保险机构参与进来，挤出这部分费用。它是这样一种模式：通过降低费用来促使参保人员使用远程医疗，参保人员的健康状况改善了，医疗保险机构负担的医疗费也就少了，因此能够刺激医疗保险机构负担费用。

这项发明授权公布后就有大企业表示愿意出人出钱，虽然过程有些波折，但是最终得到了大企业的投资，成功实现了事业转化。现在已经有 130 多家大企业的保险机构签订了合约，参保人员已达 250 多万人。自创意提出以来 5 年间得到约 14 亿日元的投资，事业规模越来越大。

这个创意是创意者在看到医疗场所的现状后，想到有什么办法减少患者往来医院的压力、改善医院人多拥挤的状况，充分利用自身经验而提出的。

疫情将改变以往世界的存在状态。世界的存在状态改变了，自然就需要建立新的存在状态。这对于我们来说也是思考各种各样的创意的好机会。

2020 年 5 月 8 日

41 创造市场——说服全球企业

我曾与无人机领域的 Terra Drone 株式会社（东京涩谷区，以下简称 "Terra Drone"）的总经理德重徹先生进行过一番交流。Terra Drone 的主页上写着他们的目标："在日本引以为傲的技术领域，在征战全球市场的前提下进行创业，创造引领新市场，证明来自日本的创业公司在世界上行得通。"

Terra Drone 是 2016 年（日本平成二十八年）年 2 月创立的，在"全球排行榜 2019"中作为工业用无人机服务企业位列全球第二。在国内外通过使用无人机进行激光/摄影测量和高精度三维图纸的制作来提供施工管理等服务。以东京总部为中心，在国内开设了 7 家分公司，此外，还在亚洲、欧洲、北美洲、南美洲、非洲和大洋洲的超过 25 个国家或地区开设了分公司。

在海外，Terra Drone 以石油/天然气、电力、采矿、建筑领域为中心，加速开展维护检查/测量服务。在无人机运行管理系统领域，与世界领先的 Unifly 公司（比利时）进行了合作，作为第一大股东进行新一代系统的研发。

还向提供无人机检查服务的 RoNik 公司（荷兰）注资，将其变为子公司。在以油气储罐的检查/维护为中心的服务方面，RoNik 公司被评为欧洲顶级的无人机企业。

Terra Drone 的过人之处在于创业几年就与全球的相关大企业合作，在 25 个国家或地区开展事业。我向德重徹先生请教了其中的秘诀。

从全球视角来看利用无人机的可能性，比如虽然各国都有油气储罐的检查/维护业务，但是采用的都是旧的机制，不安全而且效率不高。如果改为使用无人机的新机制，就可以实现非常大的改革。Terra Drone 发现了这点后积极游说各国企业，在不断强调其必要性的过程中得到了其他公司的认可，成为合作伙伴。这在将技术研发交给别人、自己开创市场的日本创业公司中是一种很罕见的策略。

2020 年 6 月 12 日

第 *2* 章
为什么是知识产权

01 **为何需要知识产权——保护知识成果、丰富人类文明**

　　诱导性多能干细胞（iPS 细胞）这项新发明的诞生，使再生医学从不可能变成可能，人类对于治愈不治之症的期待不断提高。卓越的绘画作品、小说以及动人音乐的问世，令人类的精神世界得以充实。如此，无论政治经济如何动荡，人类的智力创造始终为人们带来希望和喜悦。这就是人类智慧的力量，这一力量所孕育出的就是"知识"的"成果"。

　　以专利制度为首的知识产权制度，就是通过保护这种人类的知识成果以促进产业、文化发展。丰富人类生活的制度，也是今后必不可少的制度，是为了保护、帮助那些给社会带来发明创造的人，进一步刺激创造性活动的制度。那些思考为社会带来美好的事物以丰富人类世界的人，必须得到尊重与回报。

　　如果绞尽脑汁想出的发明，被其他人不费吹灰之力随意取用，那么人们将失去创造新事物的意愿。只有对其施以正确的保护，才能促使新的创意与创造问世。保护知识产权，即是丰富人类的文明，因此，需要好好利用知识产权。社会仅凭知识产权无法运转，但如果不能好好利用知识产权，社会也无法进步。知识产权之所以被高度评价，是因为知识产权使用方式的些许改变即可获得不同的结果。而现如今，利用复合型知识产权来创造更丰富价值的时代已经来临。

iPS 细胞这一伟大的发明将改变世界。可就算是伟大的发明，也需要更多的发明和技术的支持才能被好好利用。仅仅依靠一项发明或者一件知识产权去创造价值的时代已渐行渐远。

在全球经济竞争的背景下，知识产权已经不仅仅是它本身，还是为产业提供支持的工具，是企业竞争和国家竞争的手段。如今，与每个单独的知识产权的力量相比，能够策略性地灵活运用知识产权的力量才是决定产业霸权的关键。所以，现在已经是"智慧竞争"的时代了。

2017 年 9 月 1 日

以智力创造的循环往复促进发展

那么，所谓知识产权指的是什么呢？知识产权即是知识成果。日本《知识产权基本法》第 2 条将其定义为：发明、设计、植物新品种、外观、著作权及其他人类创造性活动的产物，商标、商号以及对商业秘密及其他事业活动有用的技术和商业上的信息。

简单来说，知识产权就是人类大脑思考后的智力创造，是对社会有用的东西。

令人惊讶的是，媒体上经常提及的"知识产权"一词，竟然是在 2002 年（日本平城十四年）制定的《知识产权基本法》上才首次被正式使用。在那之前，它一直被称作"无形资产"等。

19 世纪，世界博览会在巴黎召开。世界博览会上，各国都竞相展出了本国开发的优秀机器与产品。然而，有些人在未经许可的情况下复制这些机器与产品，并开始制造、生产。为了防止优秀的机器与产品被盗用，从而使这些发明在全世界范围内得到保护，1883 年，《保护工业产权巴黎公约》在巴黎签订。截至 2014 年，《保护工业产权巴黎公约》的成员国已有 179 个，而且全世界几乎所有的国家或地区也都建立了专利制度等工业产权制度。

话说回来，如果从产业角度考虑知识产权的话，"智力创造的循环往复"是最基本的。

首先，为了开展一项事业要先进行投资，研发新的发明创造或者服务。投资并付出努力后，才能创造出杰出的发明、服务。之后通过专利等权利对其施以保护并将其垄断。因为垄断了发明、服务，从而凭借其扩大收益，进而收回最初的投资成本。扩大受益后，就可以继续投资新的发明创造的研发——通过这样的循环往复，不断地扩大受益，实现事业的发展，甚至是产业的发达。

这其实正是专利法的目的，"通过保护和利用发明，奖励发明并为产业的发达做贡献。"

2017 年 9 月 8 日

取得 iPS 细胞专利权并促进其运用

诺贝尔奖获奖者、京都大学山中伸弥教授作为发明人，申请了 61 件与 iPS 细胞相关的专利，其中有 40 件已经获得专利权（截至 2017 年 7 月底）。这些专利权几乎都归京都大学所有。

为了让 iPS 细胞这样的发明能够在全世界范围内被灵活运用，有些人认为不应当用专利垄断发明，而应打破垄断，将其作为开放型专利以供所有人使用。但是山中教授始终表示，将 iPS 细胞的发明进行专利申请，并对其进行统一管理，是十分重要的。

这是为什么呢？山中教授认为，任何人都可以申请专利，一旦获得专利权，就可以垄断相关发明，禁止他人的使用。这样一来，专利权人可以自行决定自己的发明要不要给别人使用。

此外，山中教授还认为，如果想让 21 世纪这一划时代的发明能够被灵活广泛地运用，还是把这项发明掌握在以他为中心的京都大学这种学术机构手中，再由他们将这项发明免费提供给非营利机构使用，或者通过收取较低的专利使用费许可给民间机构使用，才能促进 iPS 细胞发明后续的研发。

　　但是，想要实现上述设想，就需要在全世界拔得头筹，率先取得专利权。如果失掉先机，则无法实现这个设想，所以世界各国都展开了抢占 iPS 细胞专利的激烈竞争。虽然山中教授被授予诺贝尔奖这一事实表明 iPS 细胞的发明是他的研究成果，但多数国家都采用先申请原则，另外，在专利权的获取方式上容易产生纠纷。

　　值得庆幸的是，以山中教授为中心的京都大学已经获得了 iPS 细胞发明的基本专利。重要的发明通过专利好好管理就能得以发展。但很早就有人指出这并非易事，像美国学界的专利权关系就十分复杂、混乱，以至于会阻碍发明的运用。

2017 年 9 月 15 日

02　将发明转化为知识产权——需要进行价值的"甄别"

　　将发明转化为知识产权的问题容易存在一种误解：一项发明要申请专利，还要具有产业上的利用价值，可以提高收益，该发明才能被授予专利权。但实际上，一项发明能够被授予专利权，与这项专利是否具有产业上的利用价值完全是两码事。因为该专利如果不被实施，就无法通过其获得收益，更谈不上具有产业上的利用价值。

　　对于发明来说，也存在潜在的产业上可利用性高的发明和可利用性没那么高的发明，所以我们需要对发明进行甄别。基础开发型的发明，从它诞生到实际被使用需要经历相当长的时间。对企业而言，如果一项发明难以获得实际收益，企业就很难为其投资。如此一来，这项发明即便能够被授予专利权，也将在很久之后才会被实际利用。

　　对于一项发明能否被授予专利权，只要对现有技术进行检索就可以预测。如果对现有技术进行充分的检索，就不仅可以看出一项发明能否被授予专利权，而且能够预测其被授予专利权后是不是强力的专利。如果已经存在很多现有技术，那么这项发明即便被授予专利权，也不能获得很大的保护范围。而一个较弱的专利权，对企业来说就没有吸引力，其作为知识产权在产业上的利用价值也会变得很低。

一项新的发明被公开后会随之产生诸多相关的发明（溢出效应）。一项基础发明的问世，会导致相关改进发明，以及应用这项基础发明的应用发明诞生。在这个过程中，即便基础发明获得了专利，如果随后的改进发明和应用发明被其他人申请了专利，改进发明和应用发明的专利可能也会成为基础发明的绊脚石，阻碍其实施。因此，想要提高一件专利的利用价值，就要花心思打造一个可以对发明的技术提供牢固保护的专利布局。如今的时代，很容易就能创造出许多替代技术，所以在越来越多的领域中很难仅用一件专利来保护一项发明的技术了。

2017 年 9 月 22 日

03 第四次工业革命到来——IoT 改变社会

近来，频频有报道称"第四次工业革命已经开始"。如前所述，18 世纪到 19 世纪第一次工业革命中的"蒸汽机"、19 世纪下半叶到 20 世纪初第二次工业革命中的"电力"、20 世纪四五十年代第三次工业革命中的"计算机"都改变了世界。在第四次工业革命中，改变世界的是物联网（IoT）。

IoT 通过互联网将所有的东西都连接了起来，这个世界的风貌迟早将为之一新。世界也将在这个过程中发展前行。这一变化无论是在东京，还是在日本其他地区，应该都差不多。

在实现物联网化的"智能工厂"中，零部件采购和节能得以更有效地推进，生产效率也会进一步提高。以低成本快速应对个性化和细分化的消费者需求成为可能。生活空间可以通过 IoT 的应用形成"智能家居"，家里的电器和设备联网实现联动后，人们每天的生活会更加方便。

如果使用可穿戴式设备（Wearable Device）记录每个人每天的健康数据，并将其连接到医疗机构，人们足不出户就可以接受健康管理服务，实现远程医疗。

工作方式也会发生改变。如果人类从事的劳动改由机器人完成，就能解决人手不足的问题。人类转而从事那些只有人类才可以胜任的工作，工作时间和工作制度将发生巨大的变化。工人们的就业自由度会提高，也许还会产生新的雇佣形式。

问题是能否借助这一时代的浪潮乘风破浪。工业结构及社会需求的变化带来新的商机，为中小企业提供了一决胜负的巨大机会。本田和索尼就是在"二战"后的巨变中诞生的。

IoT、人工智能（AI）、机器人、大数据被视为第四次工业革命的核心技术。人类是否能够在以这些核心技术为背景的时代舞台上完成自己的表演尚未可知。现在，是时候仔细思考如何在假想的舞台上合理布局，锁定目标领域，及早考虑清楚"真正需要的是什么"，并采取行动了。

2017 年 12 月 29 日

消失的地理边界

随着一切事物被信息化、人类迈向依靠互联网完成所有需求的高度信息化社会，从第二产业（工业）向第三产业（服务）的过渡越发显著。IoT 的普及令产业结构发生了新的转变，产品的生产和流通等系统也将产生巨大的变化。

互联网时代的到来，使得地理边界本身存在的意义越来越小，国际化分工进一步发展，技术的开发和生产基地也分散开来，全世界的工厂联网成为一个整体进行生产。各地的城市也趋于条件同化，无论北京还是纽约。

高度信息化的社会下，所有的数据都变得容易流通，导致仅靠人力难以掌控庞大的数据信息。这个时候，AI 就成为"救世主"。AI 处理庞大的信息，帮助人类找到所需的解决方案。就算是获得世界冠军的围棋名宿和日本象棋名将，也无法战胜 AI 计算机，AI 甚至已经能够创作出原创的交响曲。所以 IoT 和 AI 的结合必定会带来第四次工业革命，落后的医疗、农业、水产业等也会得到飞速发展。

但是，仅依靠数据处理和互联网是无法掌控现实世界的，还需要能够掌握现实的传感器及其处理器。尽管美国和中国在 AI 和 IoT 领域处于领先地位，但传感器和处理器领域是日本擅长的。

与工业产品不同，医疗、农业和水产业等与人体、自然相关的领域，都是无法一概而论的领域，需要更加精准细致的技术。这也是日本擅长的领域，可以凭借积累至今的经验大展身手。能否抓住此次机会，是日本下一代人面临的课题，现在各式各样的挑战已经开始。

2018 年 1 月 5 日

互联网和大数据的灵活运用是关键

身处第四次工业革命的漩涡之中，日本大企业无一不在拼死寻找、开发新的事业根基，频繁通过企业并购（M&A）进行业务的选择和汇集，并投资一些有前途的风险公司。

直到几年前，日本创业公司公开募股（IPO）的情形还很少见，而在韩国和新加坡，IPO 越来越多，日本创业企业家学会也在讨论日本的产业今后将何去何从。不过近来情况有所改变，对创业公司来说正是千载难逢的机遇。

目前单纯靠企业内部的研发已经难以应对社会的变化和开发具有开创性的业务，因此，企业强烈意识到除了自身的力量，借助其他公司和外部力量进行研发的"开放式创新"也十分重要。"开放式创新"需要的是基于新的价值观提出社会系统的概念，也就是"概念驱动"，然后通过"概念驱动"型的研发创建新市场。

现在，来自创业公司总裁和创业人士的有关知识产权的咨询越来越多，很多咨询都涉及在 IoT 的大背景中灵活运用互联网的业务。大家最关心的，就是在产品制造、销售以及服务中如何通过互联网和大数据创建新的商业模式。

亚马逊和中国的阿里巴巴都扩大了网络交易，网络交易额在消费总额中的比例为：全球 8%，美国 10%，中国 15%。传统的面对面交易正在向可以送货上门的网络交易过渡。这一变化，让我不禁想起过去在郊区扩建了很多商场，如今都变成了萧条之地的现象。通过智能手机购物的无人商铺在中国正在增加，用智能手机还能随时随地呼叫出租、快车、专车，并选择自己喜爱的车型。

相比之下，日本现有的机制已经十分稳定，很难建立、推行新的机制。而中国尚未形成稳固的机制，反而更有利于新机制站稳脚跟。当改变已成定局，越早采取行动越有利。日本应当努力打破现状。

2018 年 1 月 12 日

04 制造业的世界发生变化——GAFA 的策略

在制造行业，日本企业在智能手机等领域已经落后于中国、韩国，而且越来越难以取胜。

以往，日本企业擅长的是模拟匹配技术（难以数值化的技术）。由于这项技术本身难以模仿，因此日本的做法是在大型制造商和外协工厂组装产品，通过申请专利垄断技术，从而占领市场。日本的家电即是如此占有市场的。然而，产品数字化（以数值体现）使任何人都可以制造同样的产品，产业结构也变得全球化。如此一来就需要分工合作，交叉许可（同意互相使用对方的专利）和开放式策略（对其他公司开放自己的专利）扩大了专利的持有范围，无法通过专利垄断技术了。韩国和中国的部分企业曾经就是靠低成本制造同样的产品逐步强大起来的。

这一领域的专利局势已经发生变化。世界上一些实力强劲的企业，已经早早制定了多样化的知识产权策略，并构建了专属的业务平台（业务根基）。但是这方面，可以说日本企业动手晚了。

美国谷歌允许任何人都可以使用其 OS（Operating System。操作系统＝基本软件），并建立了自己的业务平台，将使用该 OS 的智能手机的零部件制造商及组装厂作为 OS 的使用群组一同并入其中。组装厂使用零部件制造商生产的零部件组装智能手机，而销售手机获得的收益最终会回流到推出 OS 的谷歌手里。

现如今，据说控制着全世界产业的是美国的 GAFA 四巨头（谷歌／Google、苹果／Apple、脸书／Facebook、亚马逊／Amazon）。四巨头的共同之处在于，创建自己的业务平台，技术部分的研发借助外力完成，并通过外部企业将所制造的产品销往全世界而不断扩大市场。也就是说，它们的经营策略是，企业自身专注于市场建立，至于生产则借助国内外零部件制造商的力量，依靠海外基地进行生产后将产品出口到全世界。

在 GAFA 四巨头称霸世界的局势下，日本已经处于落后的水平，如何再次建立自己专属的业务平台是现在日本面临的严峻课题。

2018 年 3 月 23 日

05 反向利用业务平台——"Mercari" 的发展

GAFA 四巨头主导着全世界的产业，控制着全世界的业务平台。四巨头的产业笼络众多用户，当一个产品使用的人越多，它就越有价值，经济学上称其为"网络效应"。可以与四巨头对抗的企业尚未出现，今后如果出现，想必会是中国的企业吧。

现在人们讨论的是，"既然无法与其抗衡，那就反过来利用它们的业务平台打造一个新的业务平台"。例如，通过利用谷歌的检索系统，解析大数据发现新业务，或者利用亚马逊的网络销售平台开启新的销售业务等。诸如此类的尝试层出不穷。

在这个过程中，如何尽早发现用户所需的产品和服务，并且能够将这样的产品和服务提供给用户令其得到前所未有的满足？实现这种服务创新的商业模式很重要。如果能够创造出具有优势的商业模式，及早吸收用户，将可以垄断很大一部分市场。

Mercari 株式会社（MERCARI INC）创建的二手交易 APP "Mercari" 在日本国内的下载量多达 5000 万次［截至 2017 年（日本平成二十九年）6 月 30 日］。飞速发展的 "Mercari" 将同行远远甩在了身后。这家公司成立于 2013 年 7 月，在短短 5 年内，企业估值就已高达 10 亿美元（约合 1000 亿日元），是及早吸收大量用户通过网络效应不断发展的成功范例。

株式会社 Netprotections 是一家主营网络交易后付款支付业务的企业。在目录销售❶（CatalogSale）中，由于用户喜欢选择后付款，如果全部由销售公司承担这笔费用，负担就会很大。株式会社 Netprotections 正是专门替销售公司解决这一烦恼，受其委托批量处理后付款业务的公司。委托量越大，处理成本就越低，而处理成本越低，委托量就会越来越多。株式会社 Netprotections 通过这样的良性循环不断发展。

2018 年 3 月 30 日

06　关注独角兽公司——有前途的未上市企业

上文提到的二手交易 APP "Mercari" 作为日本国内唯一的一家独角兽公司备受关注。很多智能手机用户都在使用这个 APP。

所谓独角兽公司，是指企业估值超过 10 亿美元（约合 1000 亿日元）、未上市（不从市场募集资金）的有前途的创业公司。目前，世界上有 22 个国家或地区存在独角兽公司，但大部分在美国（42.1%）和中国（38.9%）。

独角兽公司之所以备受瞩目，是因为其作为未上市公司，企业估值却可以达到 10 亿美元。通常，当企业发展到一定规模后，想要再进一步发展，都会通过公开募股（IPO）向社会募集资金。但是独角兽公司的估值之所以在未上市的情况下还能超过 10 亿美元，是因为如今企业

---

❶　消费者通过查阅"目录购物商场"定期发行的购物目录，拨打"商场"话务中心的电话订购，再由专业快递公司提供快捷优质的送货上门服务，是后付款的购物方式。

可以通过互联网无须工厂和设备从事大规模商业活动，并不断扩大自身的经营规模。

其实日本国内第一个二手交易 APP 是"Fril"（现已更名为"Raku-ma"），成立于 2012 年（日本平成二十四年）7 月，比"Mercari"还早一年。然而现在"Mercari"在日本国内的下载量已高达 5000 万次，远远超过了"Fril"（截至 2017 年 6 月 30 日）。

在这一项业务中，用户通过互联网买卖自己的二手产品（C2C），"Mercari"作为二手交易平台，向用户提供在线拍卖网站，并通过收取手续费获取收益。为此，Mercari 公司申请了"个体间交易支持系统"的专利（特开 2017 - 134767）。

这项发明是一种引导用户仅能够和邻近地区的用户进行交易的系统，以避免因和偏远地区用户交易而带来诸如产生高额运费等的不便。其目的在于，在网站建立为用户提供便利的机制，并以此为卖点吸收用户来谋求自身的发展。这种发明在网络服务中是有效的。

2018 年 4 月 6 日

补充说明：Mercari 公司从 2016 年开始申请专利，目前已经公开的专利中，2017 年 1 件，2018 年 4 件，2019 年 42 件，2020 年 59 件（截至 2020 年 6 月）。

07 政府鼓励下的中国跃居世界第——专利申请量的国际趋势

一提起中国产品，往往给人一种仿制品泛滥的印象，一些日本人会觉得中国的技术还远远落后于日本和美国吧。

中国的仿制品遍布全世界的确是事实。然而，如果看看我们身边形形色色的产品，就会惊奇地发现这些产品几乎都是中国制造。作为日本产品销往欧美的东西也有很多是中国制造，也就是说，中国企业已经有能力生产、制造与日本企业要求的品质同等的产品。

中国政府也希望摆脱"仿制国"的形象，计划在 2045 年成为世界第一的产业强国。作为其中一项具体措施，中国政府向中国企业提供丰厚的补贴和税收优惠鼓励企业申请专利，以提升本国产业竞争力。这一举措使中国企业的专利申请竞争愈演愈烈，如今中国国内的专利申请量已经超越日本和美国，跃居世界第一，2016 年（日本平成二十八年）中国的国内发明专利申请量为 133.9 万件。虽然仅凭专利申请量并不能检验一国的技术竞争力，但其也是衡量研发积极性和研发活跃度的一项指标。

然而令人遗憾的是，尽管 2001 年日本的国内发明专利申请量曾达到峰值 44 万件（当时居世界首位），但 2015 年却只有 32 万件，短短 15 年减少了 12 万件，已不足中国的 1/4。其中，家电、电气相关企业的专利申请量骤减，其他领域的申请量也苦于难以增长并出现了略微减少的现象。反观美国却是有所增加。

导致专利申请量减少的一部分原因在于，日本大企业对专利申请的筛选愈加严格。但是，夏普株式会社被中国台湾的企业收购、东芝株式会社裁员 1 万人等现象表明，迄今为止，引领日本产业的企业再无法凭借其以往的业务立足，正面临着不得不作出重大变革的局面。

2018 年 6 月 22 日

08　中国超越日本跃居第二——国际专利申请的趋势

根据 2018 年 3 月 21 日世界知识产权组织发布的报告显示，2017 年，中国的国际专利申请量（4.89 万件）已经超越日本（4.82 万件），排名仅次于美国，跃居世界第二。上文提到，中国的国内发明专利申请量已经是日本的 4 倍多，排名世界首位。不久的将来，如果中国的国际专利申请量也超越美国成为世界第一，那也不奇怪。

发明创造要在各国申请专利并被授权才可以获得保护。所谓国际专利申请，是指凭借一件专利申请就可以向《专利合作条约》（PCT）缔约国的各国申请专利的制度。该国际专利申请会在具体进入的各缔约国进行审查。除此之外，还可以根据《保护工业产权巴黎公约》向各国申请专利的制度。实际上，中国的国际专利申请量是指中国通过 PCT 和《保护工业产权巴黎公约》两个渠道申请的总量。

从 2015 年的数字来看，中国的国内发明专利申请受理量约为 110 万件，中国向美国的申请量为 21386 件，向欧洲的申请量为 5728 件，向日本的申请量仅有 2840 件。反观日本，日本的国内发明专利申请量约为 32 万件，向美国的申请量为 86359 件，向欧洲的申请量为 21421 件，向中国的申请量为 40078 件。很显然，在获取国际专利方面，日本比中国更积极。

由此看出，尽管中国大企业参与国际竞争使中国的国际专利申请量有所增加，但大部分中国企业为了国内竞争，更专注于国内申请专利。

中国的产业是由具有国际竞争力的大企业和拥有压倒性数量的中小企业支撑起来的。正如美国的苹果和中国的华为因智能手机的专利诉讼纠纷不断一样，中国的国际性大企业也因为产业霸权的问题，和日本、美国、欧洲的企业产生了知识产权纠纷。中国国内的新收知识产权民事一审案件多达 13.6 万件（截至 2016 年）。顺便一提，2016 年，日本的专利侵权诉讼案件仅 500 件左右，数量级上和中国相差甚远。

所以看着日本的情形就认为中国也是一样，这种看法是不对的。中国已经积蓄了强大的能量，企业的研发积极性促使中国的专利申请量十分庞大，尽管存在不同数量级的诉讼却发展势头迅猛。

2018 年 6 月 29 日

09 加速的中国创新——新的支付服务改变生活

在此前的章节中，我提到了主导世界产业的 GAFA 四巨头（谷歌/Google、苹果/Apple、脸书/Facebook、亚马逊/Amazon）。四巨头都是美国公司。然而在这样的局面下，有数据表明，中国阿里巴巴集团在电子

商务领域赢得了与美国 eBay 公司的竞争，中国腾讯在社交网络领域也
战胜了美国微软公司。现在中国企业已经具备了超越美国企业的实力。

如今，可以看到很多中国特有的技术创新。阿里巴巴集团旗下的
"支付宝"以及腾讯的"微信支付"，利用智能手机提供支付业务，已
经彻底改变了中国人的生活。支付宝和微信支付被称为超级 APP，已经
成为中国电子商务经济的核心。通过支付宝和微信可以呼叫出租车、拼
车、订外卖，预约火车票、飞机票、电影票，预订酒店，打游戏，甚至
可以实现资产管理。超级 APP 已经带来了挖掘新型服务的效果。

新型服务在尚未成熟的阶段被投入市场，经过竞争与淘汰，在短时
间内进行调整，最后扎根于社会。这正是所谓的"大众创业、万众创
新"。

中国中央政府不干预"灰色地带"的服务，以促进企业间或地方
政府间的竞争，从而孕育出新的商业模式。这一政策被称作"沙盒制
度"（暂时停止规章制度为新技术等提供试行场所）。

虽然起步已晚，但 2017 年（日本平成二十九年）秋，日本政府也
开始研究这一政策。中国实施该政策并能够收获成果，正是因为大众拥
有创新的力量。期待日本也拥有这样的力量。

2018 年 7 月 6 日

10 知识产权比的是速度——应该保护谁

知识产权制度是保护发明、设计、品牌等的制度。发明总是伴随着
社会需求产生，因此同一时期内会产生同样的创意，也可能不止一个人
研发出同样的发明来。

那么，应该保护谁的发明呢？通常来说，应当保护最早完成发明的
人（先发明原则）或者最先申请专利的人（先申请原则）。大部分国家
都采用先申请原则。美国直到最近一直采用的是先发明原则，也就是优
先保护最早完成发明的人。但是这一做法使其在全世界范围内茕茕孑

立，因此美国也在 2013 年（日本平成二十五年）改为采用先申请原则。保护设计的外观设计申请以及保护品牌的商标申请大多也采用先申请原则，所以知识产权就是比谁更快。

我就见过因一日之差而失败的例子。如果同样的发明或外观设计在同一天被提交多个申请，就需要发明或者外观设计的申请人协商决定由谁来获得专利。如果协商无果，谁都不能获得专利权。而商标申请中如果出现上述情形，则要靠抽签来决定。

由于知识产权保护具有地域性，无论发明、外观设计，还是商标，想要在各个国家或地区都受到保护，必须在每个国家或地区都提交申请。然而在世界各国或地区同时提交申请是很难的，因此，依照《保护工业产权巴黎公约》的规定，从加盟该条约的成员国向其他成员国提交发明专利申请时，只要在最初的申请日起 1 年之内提交申请，即可将该申请视为是在最初的申请日提交的申请。实用新型、外观设计和商标只要在最初的申请日起 6 个月内提交申请，即可被视为在最初的申请日提交的申请。

通过《保护工业产权巴黎公约》在成员国进行申请时，必须向每个成员国分别递交申请，很不方便。为了解决这一不便，另有条约（《专利合作条约》《马德里协定》《工业品外观设计国际注册海牙协定》）规定了开设国际性申请的窗口，使经由这个窗口可以向多个希望获得保护的国家递交申请。以日本特许厅为首的主要成员国的专利局均担任国际申请窗口这一职责。申请人可以通过一个国际窗口向全世界递交申请，而国际申请的代理工作由各国的专利代理师完成。

2018 年 10 月 19 日

11 大数据时代下的知识产权——AI 与数据保护的方法备受热议

2018 年（日本平成三十年）11 月，中日韩知识产权国际学术研讨会在东京召开。研讨会的题目为"互联网和数据吞噬一切的时代下的

知识产权策略"，上半场讨论"AI 与数据的保护"，下半场讨论"知识
产权文化和知识产权教育"。

　　上半场，中日韩三国学者与实务专家在"大数据将改变一切"这
一点上达成共识，并就"如何保护大数据对未来社会才是合适的"进
行了讨论。过度保护将会失去自由，完全不保护的话付出努力的人则无
法得到回报。面对这样一个两难的问题，三国都在进行各种摸索。日本
已修订了《反不正当竞争法》，以防止有偿提供的数据未经授权而被盗
用。这一举措并不是以权利给予保护的方法，而是打击不正当的数据使
用行为的做法。中国和韩国都称赞这是一项先导性的举措。

　　通过 AI 从数据中获得新的解决方案已经运用于各个领域。虽然现
阶段 AI 尚未成熟到可以改变世界，但这一天总会来临。研讨会上，有
人提出"如果一项很有价值的发明利用了 AI，那么应当对研发出这项
优秀 AI 的人给予保护"，也有人认为，"由于 AI 是自主地获得解决方
案，并非基于研发人员的力量，所以无须保护。"在第四次工业革命
中，如何让知识产权对社会有所贡献，为此应当如何去做，这些都是当
下正在被热议的问题。

　　中日韩知识产权学会间的国际学术合作议定书于 2013 年（日本平
成二十五年）签署。此前，中日韩三国政府以及实务专家级别的知识
产权人士虽然已经建立了交流体系，但是并没有将三国的学者纳入该体
系。该国际学术合作议定书的签署使学者们也得以加入。5 年后的 2018
年，国际学术合作议定书重新签署。我作为中日韩三国的"媒人"感
到十分高兴。尽管三国之间还存在政治摩擦，但希望这种交流能够一直
持续下去，并成为改变亚洲甚至全世界知识产权的推动力。

2018 年 11 月 16 日

今后的问题是知识产权人才的培养

　　中日韩知识产权国际学术研讨会的下半场讨论了在大数据改变社会
的时代下"如何培养人才"的问题。中日韩三国均被问到关于未来人

才培养的国家策略，对此各国都认真采取了相关措施。日本也在2018年的知识产权促进计划中，将知识产权人才培养作为一项重要课题，计划通过教育部推进在小学、初中、高中和大学的知识产权教育。

在知识产权教育中，让广大国民了解专利与著作权等制度、机制及其运用十分重要。关于"在不确定社会将如何改变的时代下，最重要的是年轻人将如何应对和赋予他们求生的能力"这一点，在此次三国研讨会上得到了确认。学者们指出，当一件新的东西被创造出来，为了使之有益于社会应当做些什么，应当如何灵活运用社会的各种机制，作为思考这些问题的契机，"知识产权"是最合适不过了。

尽管目前几乎所有的日本大学都设有知识产权相关的课程，但大部分集中在理工科专业，文科专业少有设置。但是在山口大学，知识产权课程作为毕业的条件，是所有专业都必修的课程。今后的学生如果不了解知识产权及其思维方式，在任何领域都无法有所建树。

据介绍，山口大学会选择一些贴近实际的课题，比如"因销售产品被诉侵犯专利权，这时应该采取何种对策""在诉讼中一争长短，直接停止销售并和解，还是和对手交涉"等，以供学生思考。据称，日本政府正在为中小学教育机构的教师编写有关知识产权教育方法的教科书。

在中日韩知识产权国际学术研讨会上，也有人坦率提出了"模拟时代的老师能否胜任数字时代的学生教育问题"。对此，学者们也一致认为，面对正在发生的巨变，需要师生共同思考、主动学习。

2018 年 11 月 23 日

12 听说过弁理士❶吗？——日本约有 1.1 万人

专利代理师是根据日本《弁理士法》获得的国家资格。世界各国

---

❶ 日语中的"弁理士"是以取得工业产权、顺利解决工业产权纠纷为主要工作内容，并且是唯一拥有国家认定的职业资格的专业人士，中国与其相对应的是专利代理师和商标代理人。

或地区都有同样的专利代理师、专利律师制度，专利代理师之间互相合作共事。想要取得专利代理师资格，需要通过一年一度的专利代理师资格考试，并在日本专利代理师协会注册。

日本专利代理师考试分三个部分，第一部分为选择题考试，第二部分为论述题考试，第三部分为口试。选择题考试合格后才可参加论述题考试，论述题考试合格后才能进行口试。2017 年（日本平成二十九年）的专利代理师考试中，报考的 3920 名考生中只有 255 人合格（合格率为 6.5%）。在合格者中，年龄最大的已经 71 岁。合格者平均考试次数为 4.2 次。

专利代理师从事的工作，是根据专利法等法律法规处理与技术相关的发明创造，所以专利代理师被称为"技术和法律的专家"。约 80% 的专利代理师都是理工科出身，其余 20% 是文科出身。专利代理师考试对考生的学历不作限制，所以也有专利代理师只有高中学历。

日本全国有 11314 名专利代理师（截至 2017 年 3 月），年龄最大的专利代理师已 100 岁高龄。其中女性专利代理师占比为 15%，并且每年还在增加。这是因为专利代理师的工作大多在办公桌前就能完成，对女性比较友好，产后也可以独立工作。国外也有很多女性专利代理师、女性专利律师。2003 年（日本平成十五年）的日本专利代理师协会会长也是一位女性，是日本第一位国家级认证资格组织的女会长。

下面再具体介绍一下专利代理师的工作内容。专利代理师代替那些想要在国内取得如发明、实用新型、外观设计专利权以及商标权的人办理日本特许厅的相关程序。同时，帮助那些想要在其他国家或地区取得知识产权的人进行国际申请，或者和国外的专利代理师合作，办理外国专利管理机构的相关程序。此外，专利代理师也对知识产权诉讼、庭外纠纷解决程序、禁止通关、签订合同等提供代理服务或支持。专利代理师还处理各级法院直至最高法院审理的专利纠纷案件。

专利代理师提供一切与知识产权相关的建议与咨询业务，包括知识产权合同的签订、是否侵犯其他公司的权利等。日本全国现在有约

4500 家专利事务所。

2018 年 12 月 14 日

委托人以大企业为主

其实目前了解专利代理师这一职业及其工作的人很少。虽然现在有关"知识产权""专利"的话题被媒体频频提及，但专利代理师的工作内容还是只有懂的人才懂。

日本的专利代理师制度已经有 115 年以上的历史。1899 年（日本明治三十二年）以修改不平等条约为交换条件而修订的日本专利法开始允许外国人在日本申请专利，代理外国人的专利申请的职业随之诞生。这是日本继 1893 年确立律师制度后建立的第二个制度，比注册会计师制度的历史还要悠久。现行的专利代理师制度是根据 1921 年的法律制定的。专利代理师这一职业之所以对很多人来说还很陌生是因为，尽管日本的专利代理师数量如今已经超过 1 万人，但其实到 2000 年左右，专利代理师的数量一直都很少，有些县甚至都没有专利代理师。

专利代理师从事的工作是将企业或个人作出的发明、实用新型、外观设计、商标转化为权利。由于委托人多为大企业，所以专利代理师也都集中在大企业聚集的大城市。日本专利申请的 80% 以上来自大企业。尽管中小企业与创业公司的知识产权工作也颇受重视，但委托给专利代理师的大部分业务还是来自大企业。

与其他具有资格认证的职业不同，为了在世界各地取得专利权，专利代理师常常需要与其他国家的专利代理师、律师合作，因此这一行业的国际性活动也相当活跃。这也正是专利代理师工作的魅力之一，专利代理师在许多国家或地区都拥有自己的工作伙伴和朋友。可以说，没有哪个专利代理师不从事国际性工作。

每年世界各地都会频繁召开包括专利代理师、专利律师在内的国际会议，很多日本专利代理师也会去参加这些会议。2008 年的国际保护知识产权协会（AIPPI）总会在法国巴黎召开，总会的宴会在凡尔赛宫举行。在知识产权行业，像这种参会者超过 3000 人的大型国际会议并不罕见。我想起当年在凡尔赛宫的拿破仑厅（加冕厅）参加宴会，依旧感到十分怀念。

2018 年 12 月 21 日

为发明加冕的工作

参与大企业的国际性知识产权纠纷、接触世界上最先出现的伟大发明，这些都是专利代理师工作的乐趣所在。一项发明创造想要获得专利，那它必须是迄今为止无人知晓。全世界的发明创造都汇集到专利代理师这里，能够接触目前为止谁都没有想到的伟大发明、创意，这着实令人兴奋。也许某项发明将来就会改变世界。

发明创造是无形的，发明就是创意。为了取得专利，就必须把这个创意以任何人都能够理解的形式表现出来。为了使无形的创意作为专利被认可，需要通过撰写说明书，用文章把发明创造描述出来。专利代理师的工作就是在理解创意的基础上，将它转换成恰当的文字。

即便是形容人的手，也有侧重于形容手背和手心的表达，而且具体表达方式不同，其呈现出的手的形态也不一样。可以看到指甲的是手背，可以看到掌纹的是手心。同样，以不同的着眼点，用不同的文字描述出来的发明也都不一样。这将体现一名专利代理师撰写说明书的能力，专利代理师的水平关系着发明的价值。一项发明专利的质量，关乎企业的研发与产品的生死，这也正是专利代理师工作价值的体现之一。

除了发明，专利代理师的工作也涉及外观设计、商标、著作权等。无论哪一个，都是人类智慧的结晶，都是为了让世界变得更美好。同样是具有国家资格认证的专业人士，律师处理的案件多与怨恨、痛苦相关，而专利代理师经常与这些积极的事物打交道，和律师相比那真是相当幸福了。我希望年轻人能够勇敢尝试成为一名专利代理师。

2018 年 12 月 28 日

13 和专利代理师交往的方式——重要的是维持可以商量的关系

专利代理师是知识产权方面的专家。知识产权是一门很深的学问，专利代理师也有各自擅长的领域，所以委托业务前需要确认专利代理师的专业领域和履历。

通过日本专利代理师协会官网的"专利代理师 NAVE"可以查询专利代理师的专业领域与履历。由于专利代理师的工作常常涉及委托人的企业机密，因此法律规定专利代理师不能同时接受不同客户涉及同样技术、服务的工作，因为这会牵扯到利害冲突。通常，对于同样的技术、服务，如果已经有人先委托了，那么专利代理师就要拒绝后委托的人。

即便是知识产权方面的专家，专利代理师在面对新的委托时，想要把工作完成到最好也相当困难。不过，尽管同一个领域只能接受来自一个委托人的工作，但是专利代理师也可以处理很多其他领域的工作，以弥补因避免冲突问题而损失的工作量。这种横向的经验也是专利代理师的强项，在委托人所不知道的行业，专利代理师能够凭借相关知识和经验，在新的委托工作中一展身手。

一名能够站在委托人的角度，和委托人一起探讨如何灵活运用知识产权，并提供专业建议的专利代理师对委托人的事业来说是一大助力。而将知识产权运用到业务中需要花一番工夫，为此，作为委托人的企业，为了使研发成果能与之后的公司业务相衔接，应该在研发阶段就听取专利代理师的建议。如果在这一步走错，就没有未来可言。作为专利代理师，也要在很多方面献计献策，比如研发的对象是否恰当、与其他公司相比是否有优势、研发的方法是否正确等。

研发成功后，还要把研发成果转化为可以保护公司业务的知识产权，为此就要付出时间和金钱。专利代理师需要把企业的研发成果转化为适当的权利，并研究保护方式。之后，才是灵活运用知识产权建立企业的业务，并制定能够有效地灵活运用这些知识产权的经营策略。

为此，熟悉公司业务的经营者、熟悉研发的发明人、企业内部负责和专利代理师沟通的知识产权专员、对此给予支持的专利代理师组成一个"灵活运用知识产权的阵营"，四者缺一不可。对于前三者，在中小企业中多由总经理一人担任。为了维持这个阵营，企业在日常工作中应当和专利代理师建立良好的关系，并维持这种关系以保证任何事情都能够找专利代理师商量。而为了成为可以商量的人，专利代理师每一天也都在努力。

2019 年 1 月 5 日

14 AI 创造的知识产权——权利归谁所有？

西班牙马拉加大学研发的人工智能作曲机器人 lamus 可以完成自主作曲，并以 MP3 和乐谱的格式将曲子写出来。在网上可以收听由乐团演奏的这首曲子，也可以在亚马逊上购买 CD。我试着听了一下，不禁感叹，机器人能够写出这样有模有样的乐曲真是神奇，如今连机器人作曲都实现了。

目前，知识产权一直被视为人类智慧的产物，将来，AI 代替人类创作的情况想必会越来越多。那时候，AI 创造的产物，其权利应当归谁所有呢？在现行法律中，无论是保护作曲的著作权法，还是保护发明的专利法，都是以人类的创造为前提的。由 AI 生成的产物，如果是人类利用 AI 作为道具而创造出的发明，可以获得权利保护；但如果人类完全没有干预，是由 AI 自主完成的发明创造，尚不能成为权利保护的对象。

仅凭所见，是很难判断一样东西是人类创造的还是 AI 创造的。因此，如果有人将 AI 的创造当成人类的创造来主张权利，则可能"受知识产权保护的创造物（著作、发明等）"（暂不讨论其正当性）会出现井喷式增加。由于著作权随作品的完成自动产生，可想而知到时候会有多混乱。可是，就算担心出现这种情形，AI 的创作也可能带来新的科技创新，可能孕育出新的文化和产业丰富人类社会。所以现在，日本政府的知识产权战略本部已经开始研究新的知识产权制度，以解决上述问题（《知识产权推进计划 2016》）。

AI 的发展，会不会导致一部分人类从事的工作被 AI 取代？这个问题也备受关注。的确，例如像税收申报这种工作，因为工作模式是固定的，今后被 AI 取代的可能性很大。但是需要创造力、想象力来发现新的创意这种工作，人类的优势还是相对明显的。因此，今后的工作，可能也会被划分为交给 AI 的工作、需要人类完成的工作和人类与 AI 合作完成的工作吧。

2019 年 1 月 11 日

15 AI 也是"人"——如何提高学习成果

我在前面的章节介绍过，"高度信息化的社会下，处理庞大的信息、帮助人类找到所需的解决方案的 AI 或将成为救世主。"

物联网（IoT）相关的技术中，通常，第一步是获取各式各样的数据，第二步通过互联网收集数据并进行管理，第三步使用 AI 对大量的数据进行分析和学习，第四步，也就是最后一步是发现新价值和服务的发明产生。日本特许厅在 2017 年（日本平成二十九年）和 2018 年对审查基准进行了两次修改，以确定"何种 AI 相关的发明可以作为专利被授权"。

维基百科对 AI 的定义是，"一种人为地在计算机上试图实现和人类一样智力的尝试，或者为此采用的一系列基础技术"。AI 像人一样"学习"计算机准备的数据，并根据这些知识进行"推测"，这种学习被称为"机器学习"。

机器学习需要人的指令，而"深度学习"（deep learning）不需要指令，可以自动学习。围棋机器人（阿尔法围棋）以及 IBM 公司的问答与决策支持系统"Watson"等，都属于深度学习。

在使初始状态的 AI 成长的阶段，需要有学习用的"数据集"（互相关联的数据）和解读数据集关系的"学习模型"。通常，AI 会从给定的这些数据集中提取规则和关联性，经过反复学习来创建"学习模型"。

一项有关通过学习人类以往喜好的匹配结果并根据该结果计算出任意两名用户的匹配成功度的学习模型的发明已经获得了授权（日本专利第 5116719 号）。这个学习模型就是 AI，其方法是公知的，它的专利性之所以被认可，是因为它能够准确提取需要让 AI 学习的数据，并将其关联到所需的结果。和人一样，如果学习资料的质量不好，AI 也无法获得良好的学习成果。

2019 年 1 月 18 日

16 国与国之间的知识产权制度抢夺战——为本国谋求优势

申请日之前已经被公开的发明是无法获得专利权的，但也有例外。如果是发明人主动公开的发明，或者是未经发明人许可被他人公开的发明，在提交专利申请时，只要对上述情况进行说明，该申请就不会因申请日前已被公开而被驳回。

日本专利法修改前，申请人需要在发明被公开后 6 个月内提交申请才能适用上述补救措施。专利法修改后，2018 年（日本平成三十年）6 月 9 日之后提交的申请，只要在发明被公开后的 1 年以内提交申请即可适用补救措施。但是 2017 年 12 月 8 日前被公开的发明申请不适用。

因为美国的补救措施期限也是被公开后 1 年之内，所以日本将本国的制度和美国进行了统一。但《欧洲专利公约》以及中国规定，只有在国际展会上的公开才能适用补救措施。所以日本、美国、欧洲、中国对于公开后专利是否可以获得授权的规定是不同的。

各国专利制度的基本框架因《保护工业产权巴黎公约》的签订得到统一。但《保护工业产权巴黎公约》允许各国有自己的制度和政策，各国的专利制度实际上不尽相同。如果不能充分理解各国的制度并区别应对，就无法寻求国际性保护。

在已经全球化的当今，各国制度存在差异，这对利用制度的人来说并不简单，所以一直存在将专利制度进行国际统一的努力尝试。但就算是上面提到的有关公开的补救措施，也因为欧洲和中国不能妥协而无法统一。

多个国家之间一旦签订诸如《自由贸易协定》（FTA）、《经济合作协定》（EPA）这种经济协定，那么知识产权制度也会因此在这些国家间得到统一。韩国就因为和美国签订了 FTA 而将其专利制度和美国进行了统一。《跨太平洋伙伴关系协定》（TPP）是 FTA 的高级形式，但就著作权的规定一直争论到最后。

如果采用共同的制度，处境不利的国家就会坚持放宽条件。如果有更多的国家都能采用本国的制度，对本国必然是有利的。这样的交涉因此也成为一种向其他国家普及本国知识产权制度的手段，所以也可以称得上是"国与国之间的知识产权制度抢夺战"。

2019 年 2 月 8 日

17 现在日本需要进行制度改革——建立不输给中国的制度

日本特许厅前厅长荒井寿光在《日经新闻》上表示，"在真正的知识产权领域，日本已经被中国超越"。（2018 年 12 月 6 日）

荒井先生作为日本知识产权改革的意见领袖而闻名，这样的人物能够明确指出"已输给中国"，想必也需要很大的勇气吧。

在前面的章节中我已经介绍过，中国的国内发明专利申请量位居世界第一，是日本的 4 倍多，国际专利申请量也超过了日本，中国的专利诉讼数量庞大，在激烈的竞争中发展起来。中国的目标是在中华人民共和国成立 100 周年的 2049 年成为世界制造强国。中国政府投入了大量的研发费用，在全国范围内推进先进技术的研发，在很多领域都直逼美国，眼看就要超越美国。（时任）美国总统特朗普公开高声指责"中国正在窃取美国的知识产权"，中美两国间展开了激烈的贸易战，也说明了这一事实。

中国近来频频修改知识产权相关的法律法规，希望将知识产权与产业的发展相结合，同时将知识产权看作经济价值，并力求提高这一价值。这一系列举措都反映出中国要把知识产权和国家力量结合起来的强烈意愿。关于品牌仿冒等商标问题，中国也对相关法律进行了修改，提高了对故意侵权人的惩罚性赔偿金额，明确了坚决惩处滥用知识产权行为的决心。中国需要被保护的知识产权也越来越多了。

日本的知识产权制度改革目前处于停滞不前的状态。虽然此前日本也尝试了各种改革，但为了能让研发人员切实得到回报，需要能够进一步提高知识产权价值的机制。日本这方面还做得不够。

在日本，就算是被侵权，通过诉讼也只能挽回不到 10% 的利润。而美国因为有惩罚性赔偿制度，可以请求实际损失 3 倍的赔偿。虽然日本国内希望引入惩罚性赔偿制度的呼声很高，但目前还没有什么进展。日本人不喜欢纠纷。因为大多数日本人觉得，作为原告还好，但如果作为被告，需要赔偿原告 3 倍的赔偿金就会很麻烦。现在日本也出现了"知识产权紧缩"的现象，知识产权对产业生命力的影响正在消失。所以日本要好好转变一下思想观念。

2019 年 2 月 15 日

18 左右世界的技术标准——极大程度上影响一国的产业

在影像领域，家用录像系统（Video Home System，VHS）和录像机曾经盛行一时，现如今已是数字光盘的时代，而到底采用蓝光技术还是HD DVD❶，业界曾经为此争论不休。世界各地的制造商和相关企业都

---

❶ High Definition DVD，一种数字光储存格式的光碟产品。

被卷入这场竞争，成为这个行业里的一个著名事件。

现在，世界的产业结构已经跨越国境，各种各样的产品都是世界各国的众多厂家通过分工生产完成的。因此就要规定零部件相同的规格与制造方法，以使在哪里都可以生产制造同样的产品。制造国际产品的技术规格（技术标准）由国际组织决定，并且通过世界贸易组织（WTO）来确保该国际标准在全世界范围内被遵守，无视国际标准就无法制造可以在国际上交易的产品。

国际标准分两种：一种是"最初有人制造了某种产品，随着该产品被认可并普及，所有人都采用了其零部件和制造方法，因此确定了该产品的规格，即事实标准（De Facto Standard）"；另一种是"由国际组织决定并具有法律强制力的标准，即法定标准（De Jure Standard，也称官方标准）"。

以前市场规模小，产品生产没有全球化，专利产品被专利权人垄断获利。但是现在如果要扩大业务范围，就需要将市场国际化，在多个国家进行生产。如此一来，就需要开放专利允许他人使用。大量专利分散在众多企业时，需要创建专利池（专利联盟）对这些专利进行管理。当专利池里的专利技术被使用并普及后，该技术就会成为一项国际事实标准。

如果同一个产品存在多个专利池，专利池间就会互相竞争来争夺霸权地位。本文开篇提到的行业著名事件就是这样的竞争，这种竞争极大程度影响着一国的产业。如果说企业间竞争的对象是专利的话，那么国家间竞争的对象则是技术标准，因此技术标准也上升为国家知识产权战略的问题。

2019 年 5 月 10 日

19 什么是"专利池"——集中管理专利

一项智能手机技术包含了上千件专利，这些专利都分别来自于不同的企业。

专利是具有可以垄断发明的权利，如果这些专利分散在多个企业手中，权利人之间就会产生冲突，导致这些专利无法被使用。为此，权利人可以创建一个组织，把创造一项产品时所需的专利集中起来管理，互相许可使用专利。日本的老虎机（弹球盘）行业就是利用专利池机制的著名案例。各个研发公司将自己取得的专利集中起来组成专利池，每一台老虎机都需要向机器上使用的专利的持有者支付使用费。

这里介绍一件与 IT 技术相关的专利池攻击事件。一家企业最开始提出要加入专利池，随后又以自身原因为由退出。等到专利池创建后，这个企业又指出"专利池侵犯了自己的必要专利"，导致专利池无法运作。我们通常称之为"套牢事件"（hold up 问题）。

发生这样的问题会阻碍产业发展，所以管理团队为了打造一个不会因为相关专利而产生阻碍的环境制定了一个规则，其以"合理且无歧视的条件"进行专利许可为基本原则，该条件称为"RAND"（Reasonable and Non - Discriminatory）条件。近来，因为又附加了"Fair"（公平）一词而变成了"FRAND"条件。

美国苹果在日本的法人公司和韩国三星电子在日本发生过一起专利侵权纠纷。在 2013 年（日本平成二十五年）的判决中，尽管日本法院认可了三星电子专利的有效性，裁定苹果侵权，然而也十分重视三星电子对国际行业组织提出的专利使用许可声明（FRAND 声明）。因三星电子"拒绝苹果公司使用其专利"，所以法院要求其进行不正当差别对待的损害赔偿，同时指出其对苹果提出的要求构成"权利滥用"。在当下这个时代，一个产品涉及多个"必要专利"，需要使用专利池的需求正在不断扩大。

2019 年 5 月 17 日

20 **高通的策略——主导世界的制造商**

美国高通因为滥用手机通信技术的专利，在欧盟和中国都受到了制裁。高通主导世界的专利策略，想必对懂得其中门道的人来说是耳熟能详。

我是通过 1999 年 NHK 的报道了解到的。当时，国际上正在讨论有关手机 3G 通信技术的标准化问题。想要实现全世界范围内的通信，就需要使用国际性的、通用的标准技术，争论的焦点主要是围绕将哪个技术作为国际标准。

当时的候选标准有高通的码分多址（CDMA）2000 和欧洲、日本的宽带码分多址（WCDMA）技术，这两个技术是对立的，争论的结果是允许两种技术共存。然而，WCDMA 包含了 2G 技术，而 2G 技术的专利全部掌握在高通手里。如果不使用高通的专利，3G 就无法实现通信，因此最后全世界的手机厂商都被迫和高通签订了合同。

由此，高通将自己的专利许可给手机制造商，从中收取使用费，同时还将通信协议（通信方式）及其应用程序嵌入芯片，使得手机制造商不购买芯片就无法制造手机，从而实现了其主导全世界手机制造商的地位。

高通的策略之所以能够成功，是因为其将美国军方的通信技术用于民用技术的研发，并取得了专利。高通为此建立了自己的通信基站，先于其他公司打造了其专属的手机通信世界。一旦自己的技术被大量使用，替代技术就难以推行，从而实现自身技术的垄断地位。

这就是高通最初的计划。之后，高通将通信基站等基础设施销售给其他公司，手机制造业务也委托给他人，成为一家仅凭借收取专利使用费和销售通信所需的必需品，也就是芯片，就获得了巨额利润的企业。

令人遗憾的是，日本企业对高通的这一策略无计可施。NTT DOCO-MO 的社长宣布将在 21 世纪 20 年代后半叶结束 3G 服务。日本虽然打算凭借 4G、5G 通信技术卷土重来，然而中美韩三国在这方面遥遥领先于日本。

2019 年 5 月 24 日

21 中小企业与技术标准——开拓市场的案例

上文介绍了高通通过手机通信技术的专利操控全世界手机厂商的故事。由于全世界的手机制造商都使用了高通的专利，因此高通的技术成为一项通用技术，令替代技术无法推广，从而形成其一家独大的局面。技术标准中，除了"事实标准"、国际组织指定的"法定标准"以外，还有专利池的相关人员等制作的"集会标准"（forum standard）。

技术标准约束着整个行业，只有标准化的技术才能获胜，可以说技术标准之争如今已经超越企业间的竞争成为国家间的竞争，上升为国家重要的战略问题，这也是知识产权的竞争。存在这样一种情况：开始时是由于技术创新而产生了专利技术，随后该专利技术成为事实标准或法定标准或集会标准。正方形网格图案"二维码"是日本株式会社电装（现更名为"Denso Wave"）研发出的技术，为了在各领域中广泛使用而制定了 ISO 法定标准（国际标准化组织制定的国际标准）。

这样的标准往往会被认为均由大企业、国际组织制定，中小企业只能遵从。但是高通起初也只是美国的一家创业公司，然而其研发的技术最后成了称霸世界的标准。日本政府也有意效仿，推行了一系列促进中小企业技术标准化策略的政策，旨在谋求有可能成为国际标准的本国中小企业及创业公司的新技术走向标准化。

大成塑料株式会社（东京都中央区）是一家制造销售树脂产品的企业，其研发了一种金属和树脂的接合技术（日本专利第 4195881 号）。由于没有强度的"标准"来客观证明该技术的性能，所以市场开拓困难重重。

随后，大成塑料联合东曹株式会社、东丽株式会社、三井化学株式会社这三家大型树脂制造商，向国际标准化组织提出了评估其接合技术强度的方法，并于 2015 年（日本平成二十七年）8 月获得了 ISO19095 认证。其技术今后有望应用于汽车和飞机行业。这是国际标准使中小企业的专利技术得到社会认可，并开拓了市场的成功范例。

2019 年 5 月 31 日

22 中小企业标准化之路——发展服务业

上文介绍了中小企业大成塑料株式公社获得国际标准的例子。在这个例子中，评估金属和树脂接合强度的试验方法成了国际标准。由于试验方法成为国际标准，因此金属和树脂接合后的强度可以通过国际通用的标准进行比较，以判断接合质量的好坏，从而打通了金属和树脂接合的专利技术在国际上被使用的道路，拓宽了企业在市场的销售渠道。

标准化的做法有以下几种：其一，包含公司自身专利的标准化；其二，公司自身专利的外围技术的标准化；其三，评估专利产品质量的评估方法的标准化。第一种做法用来使自己的专利容易被许可出去；第二、第三种做法用于使自己的专利得到更广泛地应用。如果想通过自己的技术开拓国内外市场，为提高市场的信任度和产品的区别性，标准化是十分有效的手段。

然而对中小企业来说，标准化之路并不容易，它们首先需要获得业界团体等的认同。为应对这种情况，日本制定了新市场创造型标准化制度这一国家支持制度。

当一家企业难以在业界内协调，或者企业凭借自身难以制定标准化方案，再或者企业业务涉及多个领域等时，日本标准协会将作为具体的执行机关向企业提供来自国家的支持。这个制度可以说是一项提高中小企业的国内标准（JIS）化和国际标准化可能性的制度。

提到标准，人们往往容易误解其对象只有技术，其实服务领域也存在标准。比如家政服务行业虽然为老百姓提供了便利，另一方面，也会出现消费者对家政服务人员进入自己家里表示不安、家政公司水准良莠不齐令消费者难以选择等问题。

为此，就需要建立家政行业服务标准和认证制度。认证制度设置了

— 84 —

一系列标准，例如从业人员需要遵从一定的规则，有专门的组织负责管理，如果得到该组织的认可就可以获得国家认证、可以使用认证标志等。为了使新领域的专利得到运用，使新的服务成长为公司业务，标准化策略是必要的。为企业的标准化提供帮助也是专利代理师的工作。

2019 年 6 月 7 日

23 知识产权的生态系统——协调参与人员的领头人是关键

目前人们正在研究一种能够让众多领域的相关人员参与其中，使业务得以更好运转的机制（商业生态系统）。

以前的知识产权活动，都是发明人或企业独立的活动。但是为了创造可以带来技术创新的知识产权，越来越需要不断引入新的技术，融合多方面的创意。因此，就需要一个知识产权生态系统，集合众多参与者各自擅长的领域中的技术、技术秘密、知识，通过协同合作来发展事业，而不再是个人和企业的单打独斗。

"生态系统"一词原本来自于生态学领域，之所以被应用于商业领域，是因为现在的商业领域中众多参与者彼此关联，而又同时在动态地高速变化，这就仿佛是一个运转不休的生态环境。第四次工业革命带来前所未有的发明、方法、系统，在社会本身形态都在变化的当下，尝试考虑知识产权的生态系统是有意义的。

瞬息万变的时代，比起一个人的力量，更需要发挥多个参与者的智慧与经验以开放式创新来完成目标。这一说法很早就被提出。需要指出的是，由于涉及众多不同的参与者，如果没有一个强有力的领头人从中协调，就无法使参与者们作为一个整体良好地运转。

这样的领头人需要具备何种条件呢？要能够把握每一个参与者所拥有的技术、技术秘密、创意，有能力打造通过对参与者们进行组织协调而产生收益的机制，能够作为一个合适的组织者被整个业界认可，以上三个条件都需要满足。

毫不夸张地讲，事业的成败取决于是否能够遇到这样的领头人。

2019 年 8 月 23 日

合作伙伴开拓道路

前面讲到，瞬息万变的时代需要发挥多个参与者的智慧与经验以开放式创新来完成目标。之前就有人指出"通过将创造并垄断自主知识产权的封闭式知识产权策略作为基本方针，并在此基础上随机应变地结合开放式知识产权策略灵活运用其他知识产权，可以综合发挥不同知识产权各自的潜力"。（参见知识产权战略本部《通过知识产权强化竞争力专门委员会》等）

2019 年（日本令和元年）5 月，一直处于竞争关系的索尼和微软宣布，将在云服务和人工智能（AI）方面展开合作。2017 年 12 月，来自不同领域的丰田和松下宣布，会就车载电池的共同研发探讨合作问题。世界领先的大企业通过合作，互相弥补自身无法研发的技术领域，希望实现前所未有的技术创新。看来这些大企业也意识到，仅凭借自身的力量无法提升研发速度，故步自封终将大浪淘沙。产业变化正在如此动态地发生。

这意味着，在当下这个时代，无论企业规模如何，为了使自身公司业务适应新时代，能否找到优秀的合作伙伴将决定其成败。而为了找到这样的合作伙伴，企业需要具备足够吸引合作伙伴的魅力，因此，企业必须努力研发相关的核心技术与服务才能达成所愿。

首先，要具备快人一步的理念以及实现这一理念的具体构思。福岛县郡山市于 2019 年 1 月召开了知识产权匹配交流会。此次交流会，是将东京、神奈川县京滨地区一些大企业的休眠专利许可给福岛郡山地区的中小企业创业的一次尝试，这也是寻找合作伙伴的一种途径。通过参加各种交流会，说不定也能碰撞出热情的火花。

2019 年 8 月 30 日

区域性创建 GNT 企业群

有人指出，"考虑区域振兴时，应以相较于东京而言，人力、物力、资金、信息极度匮乏，农业用地少，农业生产率不高，缺乏经济优势的客观情况为思考的前提。""当今经济体系的基础是'规模经济'，人力、物力、资金、信息集中在人口多的地区、人口多的国家、享有资源的国家，无一例外，""区域振兴的关键点在于，打破'规模经济''批量生产''批量销售''批量消费'这一结构框架。"（参见 IPFRO-TIER 特许事务所官网）

那么区域制胜之道在哪里呢？我认为是在各地创建可以灵活运用知识产权的 Global Niche Top❶（GNT）企业群。2014 年（日本平成二十六年）日本经济产业省认定的 100 家 GNT 企业中，上市企业占 27 家，中小企业占 69 家，来自东京、大阪、爱知县、福岛县以外的企业占 31 家，足以证明地方企业也能跻身 GNT。

令人遗憾的是，东北地区的 GNT 却仅有郡山市的 Frontier Lab 株式会社（Frontier Laboratories Ltd. 气体色层分析仪的零部件与配件制造商）和山形县鹤岗市的株式会社 Ueno（电源除噪线圈制造商）两家企业。中小企业中入选 GNT 的全部是制造企业，并且是在过去的 3 年中至少有 1 年在全球范围内实现了 10% 以上市场份额的企业。

日本企业的制造技术起源于明治时代，即便现如今，在原材料和关键技术等技术集成度很高的领域中，相较于中国和韩国，日本也拥有绝对的竞争力。在这些领域中更要发挥知识产权的作用。

这是因为，在这些领域中，创造出替代技术和产品是很难的。一旦通过专利将技术和产品掌握在自己手中，其他公司就不能再制造同样的产品了，企业就可以为自己营造一个唯我独尊的环境，所以应该去挑战那些世界上尚无人涉足的先进领域里的产品和技术。

另外，还要进行专利布局，构造一个能够坚守自身技术和产品的知

---

❶ 简称 GNT，指在大企业难以进入的领域里在国际市场上占主要份额的企业。

识产权结构。

2019 年 9 月 6 日

㉔ 发展知识产权平台——期待各个组织的集结

为了将知识产权与区域振兴关联起来，需要有可以集结地区力量的机制。我注意到，2008 年（日本平成二十年）成立的"四国地区创新创造委员会"就是发动了四国地区的研究机构和产业扶持组织而创建的一个跨地区性的组织。

该委员会的秘书处设在"四国产业技术振兴中心"（STEP），"产业技术综合研究所四国中心"和"中小企业根基调整机构四国总部"则作为副秘书处支持 STEP。

该委员会与 48 家产学官金❶扶持机构和创新协调员合作，致力于解决企业业务活动中各方面存在的问题提供一站式无缝支持。如此跨地区性的组织在其他地方并不多见。

都道府县级别也有这样的组织。例如，静冈县政府和静冈县产业振兴财团，为了让中小企业通过灵活运用大企业的知识产权（开放式专利）以及大学、研究机构的"种子技术❷"来研发新产品以创业，成立了静冈县知识产权活用研究会。

这个研究会的活动有：举办知识产权匹配交流会，提供知识产权等种子技术的信息，以及对知识产权业务专员和扶持机构业务专员进行人才培养。研究会的运营通过静冈县发明协会与业务制作人❸的合作进行，为企业创业提供帮助（参见静冈县产业振兴财团官网）。

在埼玉县，由埼玉县信用银行发起的"一般社团法人埼信合作产

---

❶ 指产业界、学术界、政府、金融机构。

❷ seeds，对应 needs（市场需求），指推进研究研发和创业所需要的发明、技术、能力、人才、设备等。

❸ 业务 Producer、业务 PD，指为了区域振兴，为企业创业提供包括需求与种子技术匹配、融资、销售渠道研发等在内支援服务的专业人士。

学官"组织与县内的大学携手，通过产学官金之间的合作对知识产权的运用提供支持。如果去拜访这些组织，就会发现那里聚集着怀揣热情的人们，在地区领头人的带领下常年为了区域振兴而奋斗着。

其实每个地区都有许多对知识产权提供帮助的组织和联络委员会等。由衷期待其他地区也可以像四国、静冈和埼玉等地区一样将区域组织集结于所在县内，为使知识产权成为区域振兴的引爆剂打造一个新的平台。

2019 年 10 月 4 日

25　风险投资的讨论——"知识产权"终于成为话题

前几天，我听到了日本著名风险投资（VC）人的讨论。现在，日本正值第四次风险投资热潮中，VC 和企业风险投资（CVC）等投资者正积极投资创业公司。据说 2017 年（日本平成二十九年）的风险投资额是 5 年前的 4.3 倍。由于货币宽松政策和 2013 年之后建立的政府基金，风投资金正流入创业市场。

第一次风险投资热潮始于 1970 年左右，日本电产株式会社、云雀控股、株式会社爱德兰丝、株式会社大塚家具等公司成立，这次热潮因 1973 年第一次石油危机造成的经济衰退而终结。10 年后的 1983 年，第二次风险投资热潮随着放宽股票公开标准到来，软银集团、HIS 株式会社等成立，后因 1985 年的《广场协议》导致日元升值带来日本经济衰退而终结。

第三次风险投资热潮始于泡沫经济破灭、经济衰退后的 1991 年左右，当时出现了乐天株式会社、株式会社光通信、株式会社 Cyber-Agent、株式会社 DeNA 等 IT 企业以及美国的亚马逊、谷歌、雅虎等，这次热潮后来因为 2004 年前后的互联网经济泡沫以及活力门等创业公司的丑闻而告终。

如今，人们纷纷讨论第四次风险投资热潮会呈现何种情形，面临何种问题。在本次热潮中，客户需求变得多样化，要求也越来越高，大企业难以独自完成所有的研发，所以 CVC 正在日益增多，其投资创业公司并将其纳入麾下，这种现象受到关注。不过由于在大企业内运作 CVC 的投资专家很少，加上管理层的判断滞后等原因，导致 CVC 进展并不顺利。

另外，人们还注意到，投资家对知识产权策略的认知不足。为了使一家创业公司得以发展，保持其业务优势的知识产权策略是必不可少的，CVC 也应该从这个角度来看待其投资的创业公司。日本此前没有从这个角度讨论过投资与知识产权策略的必要性，所以反而有一种终于意识到这个问题的新鲜感。

2020 年 1 月 31 日

26 知识产权第一线的苦恼——回归起点、重新审视

2019 年（日本令和元年）秋，《日本经济新闻》刊登了一篇名为《日本的专利策略 40 年停滞不前，知识产权与经营相结合地谋求发展》的报道（编辑委员：涩谷高弘，10 月 14 日）。

报道大意如下：

1970 年以来，日本企业只专注于专利申请量的竞争，并没有好好运用知识产权，所以 20 世纪 90 年代日本的技术被中国、韩国成功引入。日本的电动机、半导体企业苦于技术泄露和这些亚洲企业展开消耗战时，欧美企业却采取了和日本不同的策略，通过灵活运用知识产权困住了这些亚洲企业。之所以如此，是因为"欧美先进企业的领导层都有知识产权意识，身边有律师等专家，经营和运用知识产权融为一体"。

然而，日本企业"几乎没有精通知识产权的高层，知识产权部门的地位全部很低"，"经营和知识产权脱节，"所以，"现在日本企业必须让管理层和知识产权部门联合起来，重新定义自己的制胜法宝。"

从现状看来，上述报道不无道理，但是"40 年停滞不前"也难免

言过其实。的确，日本在电动机、半导体领域有过惨痛的经历，但在材料领域和关键技术领域依旧是胜出的。日本的电动机企业在过去 10 年，也通过总结经验教训，试图找到可以解决问题的方法和对策。其中的一些企业已经重新站了起来。

但是，可能是在以往的竞争中败北的后遗症尚未消退，哪怕是一些大企业，许多研发部门被解散，人才也流失了。近年来，在技术研发竞争加剧与多样化的情况下，想要在研发方面不落后十分困难，随之显露出了一些问题，例如一心只忙着研发，却没有将研发成果纳入知识产权保护。

研发竞争的速度是如此之快，有些企业无法将其研发结果与专利相结合，专利申请量减少；有些企业不能制定有效的知识产权策略，只是单纯委托专利代理师处理。在日本经济高速成长期，企业的知识产权部门曾经都能提供恰当、有效的应对，所以现在是时候再一次回归起点，重新审视和思考了。

2020 年 2 月 21 日

专业人士的作用未曾改变

上文中提到企业知识产权的现状，一些企业无法将其研发结果与专利相结合，专利申请量减少；一些企业不能制定有效的知识产权策略，只是单纯委托专利代理师处理。另一方面，想要成为知识产权专家的专利代理师的数量也在减少。2019 年（日本令和元年）专利代理师资格考试的报考人数仅 3862 人，合格人数 284 人。报考人数超过 1 万人的时代（2008～2009 年）恍如隔世。

2002 年，时任首相的小泉纯一郎在国会上发表了"知识产权立国宣言"，2005 年知识产权高等法院成立，企业和百姓都鼓足干劲希望"通过知识产权振兴日本"。那时候，我正好担任了日本专利代理师协会会长。从那时起到 2006 年，日本专利申请量逐年增加，曾一度超过了 40 万件。2003 年发布的政府报告指出"日本现在拥有 5550 名弁理士，这个数量远远不够，日本应该和美国一样将弁理士数量扩大到 1 万人"。日本专利代理师数量在 2013 年超过了 1 万人。

不过在那之后，日本专利申请量开始减少，到 2015 年时，年申请量仅 32 万件，10 年间减少了约 10 万件。其原因在于，此前进行大量申请的家电制造商在国际竞争中败下阵后，对研发部门进行合并、裁撤并进行人员的整理，大幅缩减了专利申请量。

与此相应，专利代理师的报考人数也减少到原来的 1/3。因为工作量减少，导致想要从事这项工作的人随之也减少了。

不光是专利代理师，其他资格考试的报考人数也都有所下降。对比 2008 年和 2018 年的数据，注册会计师减少了 45%，司法书士❶减少了 46%。这些获得资格认证的专业人士由于拥有大量用户不知道的信息和经验得以大显身手，而现如今已经是可以充分利用大数据的互联网社会，这样的信息差越来越小，仅依靠专业知识已经无法生存。

即便如此，对于不具备专业知识和无法很好地处理专业知识的人士而言，在大数据信息过多的时代，依旧需要领路人。所以即便是当下，能够充分利用专业知识，并为该领域的人们提供帮助的专业人士的作用对社会仍然是有意义的，这一点未曾改变。

2020 年 2 月 28 日

积累经验成为专业人士

上文中提到，专利代理师报考人数减少，其他资格考试的报考人数也有所减少，然而正因为信息泛滥的大数据时代信息过多，更需要真正的专业人士引领。

如今人们很容易就能获得大量信息，但是对信息真假的判断、如何很好地运用这些信息等反而变得困难。此外，由于信息很容易获取，对信息的理解模棱两可却装作很在行的伪专家滥用知识的情况也有所

---

❶ 具有专业法律知识，提供注册、诉讼及其他法律事务的专业人士。

增加。

　　此前，具有国家资格的专业人士之所以被认可，是因为如果缺乏专业指导，就会导致重大失败和损失，甚至无法良好地实现社会生活。为了解决这种不便，就需要选出掌握相关专业知识的专业人士，使这些专业人士"能够被看到"并可以被利用。我认为随着信息化社会的不断发展，今后对专业人士的需求反而会增加。

　　有人表示，AI 发展后可能将取代这些专业人士。的确，例如税收申报等模式固定的业务，AI 非常有可能取代人类。然而想出新的创意这种需要想象力的工作，还是人类比较有优势，所以我在前面的章节也提到，今后的工作种类，应该会被划分为交给 AI 的工作、需要人类完成的工作和人类与 AI 协作完成的工作。

　　今后，具有国家资格的专业人士应当立志成为可以击败 AI 的专家。当然这并不容易。日本专利代理师协会也成立了委员会研究此事。

　　现在，弁理士考试合格者中，研究生以上的高学历者越来越多。但是，就算通过了很难的资格考试，也并不代表其能力上就已经能够立刻应对委托人的需求。为了成为真正的专业人士，必须在实务中学习，才能针对当时的具体问题给出恰当的答案。为此，就必须在优秀导师的指导下不断积累经验。据说这一过程需要花费十年。我担心现在很多人其实没有做好持久战的准备。

2020 年 3 月 6 日

27　地方的知识产权问题——创建"联动"机制

　　2019 年秋，日本特许厅为了支持福岛县的知识产权活动，向福岛县派遣了"商业制作人"（Business Producer，BP）来帮助当地的企业运用知识产权。这是日本特许厅"福岛知识产权运用项目"的一部分。

　　即便研发出了新的发明创造并且获得了保护该发明创造的知识产权，想要让它发展成为一项公司业务也不是一件容易的事情。无论是多么优秀的产品问世，对于中小企业和创业公司而言，让社会了解自己的业务，了解自己产品的优点并购买产品都极其困难。因此，专业的 BP 也是向研发知识产权并创业的企业提供事无巨细的协助来帮助其发展的一种尝试。

为了支持 BP 的工作，福岛县成立了一个委员会，委员会内集结了包括"产学官金"以及国家资格专业人士、媒体在内的各界有识之士。同时，委员会下面还集结各界的实务人员每月定期召开学习会，讨论福岛地区知识产权运用方面存在的问题及相关解决方案。

学习会上指出了很多问题，比如虽然和产学官一起开展支持知识产权运用的工作，但是此项工作的内容并没有很好地传达给重要的客户；每个工作都各自为营，没有形成有效的形式；企业需要的支持是从研发开始，到知识产权获取、开展业务的整个过程的支持，然而现在还没有形成这样的体系；就算是要提供支持，如果没有合适的专业人士协助也起不到效果，但是现在还不是这个样子，而且这样的专业人士也可遇不可求等。

除了福岛县，其他许多地区也都存在相同的问题。虽然各方人士为了区域振兴都在努力，但由于并没有专人负责统筹、指导这些工作，导致努力收效甚微。因此，需要扶持工作和专业人士联动起来，并建立以此为中心、带领中小企业和创业公司取得事业上成功的机制。

2020 年 6 月 19 日

28 建议成立地方智囊团——集结地方贤士

为了实现区域振兴，需要的是区域振兴的理念与执行这一理念的体制。

该理念由地方政府根据国家的政策进行规划、制定。为了协助区域振兴理念的规划、制定，相关行业的成员、学者等有识之士成立委员会对此进行研究，将不足之处委托给大型智囊团来协助区域振兴理念的规划。国家政策出台后，地方政府根据国家政策制定针对该地区的政策，各县再结合该地区政策制定措施，由市、街道、村予以实施。

目前，新型冠状病毒肺炎疫情的影响还在持续，都道府县在积极地制定针对各地区对策的同时，一边调整一边摸索前进，呈现出前所未有的新局面。国家和都道府县都在全力应对这次前所未有的国难。各地区的文化、经济背景不同，驱动组织的人员也因地区而异，凡事都不能一概而论。一项对策，在某些地区适用，就会在某些地区不适用。新型冠状病毒肺炎疫情当前，日本社会存在的各种问题以及功能不健全的真实情况也慢慢显露出来。

为了解决这些问题，当务之急是新型冠状病毒肺炎疫情后如何恢复区域经济。首先，需要恢复地区产业，然而面对避免"三密"（密闭、密集、密切接触）的自我约束要求，人们的生活方式和业务推进方式都在发生变化。随着远程办公的引入，居家办公增加，很多会谈也可以通过网络会议的形式完成。同样，学校也在推进远程授课。方方面面都不断发生各式各样的变化。正是在这种时候，才会孕育出可以创造新业务、创建新机制的知识产权。

通过 AI 和大数据使生活整体更加智能化，从而建设未来城市的"超级城市法案"此前正式成立。该法案将在区域中得以应用。为此，区域自治体和民间组织共同协作这一强有力的形式是必不可少的。面临巨变时，就需要集合县内外的有识之士，成立支持政府的区域头脑，即"地方智囊团"。我坚信，那时一定会非常需要一种机制，它不仅能够带来新的智慧，还能够孕育出可以灵活运用这些智慧的人才。本地的问题还是要靠本地人思考解决，这样的意识和动力是非常必要的。

2020 年 6 月 26 日

第 *3* 章
商业模式专利催生新事业

01 商业模式成为专利——改变现有架构

　　某天，早稻田大学商学院（WBS）的一名学生来到我这里。他是一名医生，但为了将来能在医疗系统方面创业，所以还同时学习经营学。

　　他谈道："我在给病人看病的过程中注意到，慢性病患者需要经常往医院跑。既要兼顾工作、家务，又要经常抽空去医院，这对患者造成了很大的负担。如果能利用网络通过远程医疗对患者进行诊治的话，不仅可以减轻患者的负担，医疗人员也更容易制订医疗计划，而且也能达到期待的治疗效果。"他问道："我想利用能够实现这一想法的模式来开展业务，这种模式能通过专利来保护吗？"

　　商业方法或模式不是技术而是人的行为，因此不属于发明的范畴。但是，如果将网络、计算机利用到商业方法中，那么商业方法就附加了技术特征，可以作为发明来保护。因此，我们决定将他设想的利用网络进行远程医疗的模式申请专利。

　　通常而言，专利申请的审查需要 1 年以上的时间，而面向个人、中小企业，特别提供了一种使审查加速的方法，称为"加快审查"。针对他的申请我们提出了加快审查的请求，结果该申请于 2016 年（日本平成二十八年）3 月提交日本特许厅，同年 11 月就获得了授权。并且，他报名参加了日本商业模式竞赛（JBMC），获得了最高奖。后来有大企业看中了这种商业模式，于 2017 年春天火速成立了新公司。实际上，这家企业就是在本书第 1 章（第 40 篇）中介绍的 MEDCARE 株式公社。

当今是专利催生新事业的时代。在这个时代，如果利用既有的网络，在软件开发方面也不需要花费很多时间，可以在不到 1 年的时间内轻松创业。互联网商业俨然已经处于这样的时代了。顺便一提，该公司的软件是由居住在印度的印度协调员通过越南软件公司开发的。"商业模式专利"能够改变世界。

2017 年 11 月 24 日

02　年长者的创业挑战——退休后的新构想

65 岁以上的 3 位长者到我的事务所来访。他们报名参加了日本公立研究开发法人新能源产业技术综合开发机构（NEDO）的"日本平成二十六年研发型创业支援事业"，并且在近 40 倍的竞争下赢得了研发资金。从他们那里得知，NEDO 将我们的事务所介绍给了他们，帮他们申请专利。我表达了自己的担心："各位都已过花甲之年，可能难以应对将来的研发。"听到这里，他们热情洋溢地说："想用余生再挑战一次。"听到这满腔热情的回答，我决定帮助他们。

在接下来的 3 年，他们开发了一款名为"SUNA BIOSHOT"的使白发变黑发的产品，并于 2017 年（日本平成二十九年）10 月 20 日开始销售。这三人都曾经是大企业的研究员，退休后他们以研发该产品为目标，团结一致地完成了该产品的研发。在这 3 年间他们申请了 10 件发明专利。

这项研发以沉淀多年的技术为基础，在退休后融入了新构想，希望最终通过自主创业转化为产品。首先，他们从 NEDO 获得了该项目的研发经费，于翌年 2 月开始创业。他们利用地方独立行政法人神奈川县立产业技术综合研究所的企业孵化器作为研究场所，与筑波大学的教授共同研究，并验证了其产品的效果。

该产品包含 5 种植物来源的成分，例如从秘鲁特有物种的豆科树木中提取的"塔拉单宁"等。这些成分能够增加使头发变黑的黑色素，使头皮环境健康，从而使白发变成黑发。这些源自植物的成分是安全可靠的，并且已经发售了可以直接用于头皮的产品。这款产品的亮点在于，将一般的纳米颗粒进一步加工成尺寸小的超纳米颗粒，从而提高渗透、吸收的效率。它不是染发剂，因此在使用过程中不会掉色或者将其他物品染色，该产品对于白发增多的老年人而言可谓是福音。

近古稀之年的长者们投身创业实现了产品开发，并成功将产品推向市场。在老龄化社会进程中，他们这种不断拼搏的姿态给未来带来了希望。

2017 年 12 月 1 日

03 一己之力开拓全球业务——创造力的光芒

小松道男先生（福岛县磐城市小松技术员事务所所长）在 2017 年（日本平成二十九年）的第 7 届"产品制造日本大奖"中获得了最高奖——内阁总理大臣奖。小松先生毕业于福岛高等专科学校，一直在磐城市发展业务。这是继福岛县的斋荣织物株式会社获得 2 届"产品制造日本大奖"（该公司曾获得第 2 届福岛产业奖知事奖）、郡山北工高等学校计算机系获得第 6 届大奖之后，福岛县人士再一次获此殊荣，并且是在产品、技术开发门类第一次获奖。

获奖项目是开发"注塑成型"的量产技术并使其商业化，该"注塑成型"技术是使能够通过微生物等降解的生物降解性树脂熔化，并注入模具中成型的技术。

小松先生从新能源产业技术综合开发机构（NEDO）领取了补助金，进行了基础研发。由此，业务开发有了头绪，他报名参加了"中小企业局的战略性基础技术高度化支援项目"，并获得了研发资金。小松先生是个人发明家，既没有工厂，也没有实验设备。于是他与爱知县新城市的模具制造商合作，在该模具制造商的工厂里摆放实验设备，共同进行验证、测试。

生物降解性树脂的聚乳酸树脂是由玉米制成的树脂，它是一种埋入土壤中就会降解的环境友好型树脂，受到全世界的关注。但是它存在一个问题，即由于流动性差而无法进行注塑成型。但是小松先生开发了能够解决该问题并且进行量产的技术，他拉起了一支由成型机制造商、模具制造商、大学教授、技术人员以及专利代理师组成的团队，用了 3 年时间研发技术。在此期间，其获得了 10 件国内专利、28 件海外专利。

他曾苦恼于如何使低流动性的聚乳酸树脂流动的问题，后来他关注了美国麻省理工学院（MIT）的教授研发的超临界发泡技术，并亲自拜访了这位教授，获得了实施许可。小松先生利用这项技术提高了聚乳酸的流动性，并且使聚乳酸可以注塑成型。这是一个成功范例，其表明即使是个人也可以开展全球业务。

成功的关键在于小松先生的出色创意、巧妙运用超临界发泡技术以及筹集研发资金并成功组建相关技术专家团队的筹划能力。

2018 年 1 月 19 日

04　在区域范围内开展的开放专利使用——知识产权业务匹配

将"大企业闲置的、可以向其他公司开放的专利"授权给中小企业，这是在神奈川县川崎市开展的一项全国知名的商业活动，被称为"川崎模式"。大企业也希望"通过外部将闲置的专利技术利用起来"，期待这些专利技术被使用。这是始于川崎的开放式创新。

这项事业的魅力在于：①有利于本公司品牌产品的开发（大企业的专利中蕴涵着中小企业的产品创意），②能够迅速获得自身欠缺的技术（利用大企业的专利获得自身欠缺的技术），③用专利保护已开发的产品（运用大企业的专利权保护产品），④通过与大企业合作来提升品牌（通过运用大企业的专利来提高知名度）。

参与这项商业活动的企业涉及各种行业和业态，有生产电子部件的检查装置的企业、畜产原料贸易公司等。从企业人员规模来看，10 人以下的企业居多，不管规模大小，都达成了协议。在成交的 29 笔交易中，有 20 件已经投入生产［2017 年（日本平成二十九年）12 月末］。

该商业活动通过广泛招募参与者的"开放性知识产权交流会"、面向金融机构客户的中小企业等的"封闭型知识产权交流会"、一对一配对的"商务旅行介绍"来进行匹配。

有趣的是，川崎市对中小企业的支援活动中，他们明确地声明以"现场原则""包办原则"和"信任"为理念，想必赢得了诸多中小企业的共鸣，取得了成效。

川崎市活动的介绍列举了以"金属板""不干胶印刷""丝网印刷"为主要业务的中小企业的例子。该企业从富士通获得了"钛磷灰石光催化剂"的专利许可，开发了抗菌涂料。这是一种无色无害的抗菌涂料，适用于医院设备、医疗器械等，据说是基于公司内部积累下来的涂装技术研发而成。这种知识产权商业匹配的活动也应推广到其他地区。

2018 年 1 月 26 日

05 放眼另类技术的开发——扫地机器人开发之争

电动吸尘器有着悠久的历史，这项工具几乎成为每个家庭都有的日常必需品。其中，扫地机器人和旋风式吸尘器已完全改变了传统的吸尘器。但很遗憾的是，开拓这个市场的并不是日本企业。

目前，占据扫地机器人市场份额最大的是美国公司 iRobot，但这种自走式扫地机器人实际上是日本企业先于 iRobot 开发的。调查专利公开公报发现，松下电器产业株式会社（现为松下"Panasonic"）早在 1993 年（日本平成五年）就公开了相关专利申请，比 iRobot 公开的专利申请早了 10 年。

iRobot 虽然于 1997 年发布了 Roomba 样机，但是将其制成产品并在美国实际出售是在 2002 年 9 月 17 日。在同一时期，美能达株式会社（现在的柯尼卡美能达株式会社）在 1997 年也发布了扫地机器人概念模型机“机器人撒尼坦”，但是一直没能销售。

Roomba 于 2004 年被投入日本市场，之后其市场份额不断扩大，截至 2013 年全球累计销售 800 万台以上，在日本也销售了 60 万台以上。

松下电器产业株式会社在 2002 年 3 月发布了扫地机器人的演示机，日立在 2003 年 5 月发布了扫地机器人的演示机，都未投入生产。松下电器产业株式会社的样机是世界上首个搭载了安全和灰尘传感器的、面向一般家庭的自动式扫地机器人。

扫地机器人是由日本企业先行研发新型产品，而后被后起之秀 iRobot 抢先打入市场的例子。在此之前，通过软管连接吸尘器主体和吸气口的传统吸尘器是主流，自走式扫地机器人可谓另类。将这种产品投入市场是很困难的，因为这会引起业务方向的巨大转变。发展另类产品需要企业领导者的决策，而这一点对现在的日本企业来说很难做到。

2018 年 8 月 24 日

06　日用品的知识产权管理——冥思苦想赢得用户

位于大阪市的 ENGINEER 公司推出的一款名为“螺旋雷龙”的虎口钳成为热门商品，这种虎口钳能够将钉头的槽损坏了的螺丝移除。“螺旋雷龙”的特点在于，即使在钉头的槽损坏而不能用螺丝刀旋转移除的情况下，也可以夹住钉头旋转（日本专利第 3486776 号）。这款热门商品自上市以来，13 年内累计销量突破 250 万支［2015 年（日本平成二十七年）］。

然而在产品发布之初，其销量与预期相反，并不令人满意。为了让消费者认识这款工具产品，公司给它取了一个新颖的名字“螺旋雷龙”

（商标注册第 4744142 号）。这个名字让人联想到恐龙口衔螺丝的画面，令人印象深刻。

关于产品设计，由于前端是功能部分很难更改设计，所以着眼于握柄，将其设计得更贴合手型易于握住，并且将产品的外观申请了外观设计专利（日本外观设计专利第 1433736 号）。包装也脱胎换骨，从两种颜色变为整体一种颜色，使商品在柜台上排列摆放时能脱颖而出。此外，还设计了一款"螺旋雷龙"的角色形象，并制作了视频对其进行宣传。"螺旋雷龙"的角色形象还出现在公司主页的漫画里，吸引人不知不觉地读下去，从而理解产品的优点。

高崎充弘社长提倡"MPDP 理论"：

"M"是市场，通过用户反馈卡收集信息并处理以挖掘潜在用户。

"P"是专利，在制造产品前，先调查其他公司的专利以规避侵权风险，在产品完成后申请专利以杜绝对本公司产品的模仿。

"D"是设计，握持部分的设计兼具功能性和人性化。

"P"是促销，在促销环节，开展了制作"螺旋雷龙"的角色形象、漫画等促销活动，并且充分利用 YouTube、社交网络、大型家庭用品超市的醒目位置等。该企业获得了日本知识产权功劳奖的日本特许厅厅长奖。

2018 年 9 月 14 日

07 利用知识产权吸引用户——引人注目的知识产权战略

佳能株式会社（以下简称"佳能"）是数码相机、打印机等电子机械设备的制造商，在日本企业中其专利申请量具有压倒性优势，2017 年（日本平成二十九年）公开的专利申请量为 8849 件。佳能以拥有大量专利而闻名。

关于佳能的知识产权策略，有一个广为人知的故事。佳能不仅在数码相机本身方面拥有大量专利，而且在诸如将数码相机拍摄的信息投射到个人计算机、平板电脑上的技术，以及清晰显示画面的技术方面也拥有很多专利。

佳能采取的策略是，一方面，在这众多的专利当中，针对将相机拍摄到的信息连接至个人计算机或其他设备这种大家都想使用的技术，让用户自由使用相关专利，提高用户利用率；另一方面，对于一直以来的主打产品，也就是数码相机，通过多件专利、技术秘密进行保护来防止其他企业跟风。随着用户利用率提高，数码相机大卖，获得了很大收益。

再举一个关于战略的例子。由 Adobe Systems 开发的电子文档格式（PDF）在全世界范围内被广泛使用。PDF 是一种前所未有的便携式电子文档格式，竞争力首屈一指。为了保护该系统，Adobe Systems 采取的策略是，在①创建文档软件和②阅读文档软件这两者中，仅利用①的专利权进行保护，将②的权利开放。通过开放②的权利，使许多普通用户都能够进行文档阅读从而获得众多用户，而对于①则成功采取了有偿使用的方式。

为了实现这种机制，Adobe Systems 对知识产权的结构进行了深度研究。专利申请由于要接受新颖性、创造性等审查，所以不一定能够成为权利，而著作权在作品诞生之时就自动生成权利。于是，考虑到不能取得专利权的情况，Adobe Systems 未雨绸缪，为能够大量主张著作权做了很多准备。

Adobe Systems 虽然将改进 PDF 标准的开发权提供给其他公司，但同时也充分利用专利权、著作权，坚决阻止其他公司擅自更改程序并销售的行为，确保公司收益。该公司的战略颇有成效。

2018 年 9 月 21 日

08　SNS 的知识产权模式——从用户视角发展

Facebook、LINE 等社交网络服务（SNS）是很有人气的社交软件。

SNS 提供社区型会员制服务，促进和支持人与人在网络上的互动。

其中，备受关注的是 Everystar❶，在这里你可以免费阅读投稿小说和漫画，Everystar 网站上有许多自由投稿的小说、漫画。在针对这些小说、漫画举办的竞赛中，许多会员进行投票，选举优秀作品，如果在竞赛中获奖就可以赢得奖金，并且可以在 SNS 上以作家身份出道。在网站上还可以开展社团活动，参加者通力合作，在评论作品、制作封面的同时对作品进行打磨。这里为作家、读者提供了一个平台，在这个平台，他们作为参与者结成团体（伙伴），创作小说、漫画作品。

在此之前一直在学校、地区等社区中开展的文艺活动已经发展成为网络社区形式的活动。这种商业模式是由 DeNA 和 NTT DOCOMO 在 2010 年（日本平成二十二年）创立的。

一直以来，人们认为创新（技术革新）始于技术型公司或者一些发明家，而麻省理工学院的埃里克·冯·希佩尔在 2005 年提出了"用户创新"的概念，即，先有用户（使用者）的需求，然后才会出现响应需求的创新。3M（美国）、宝洁（美国）等公司就基于这一概念，让用户参与到研发过程中，由用户的想法发展出新技术、新产品。

而现在，"用户创新"概念又向前迈出了新的一步，逐步发展为通过网络收集用户的想法，同时创造出对用户来说具有新价值、满足用户需求的新产品的新模式。Everystar 已经取得了这种商业模式的专利权（特许第 5270781 号）。这件发明专利涉及一种根据读者对网络投稿作品的声援信息来决定积分等奖励，并将其显示出来的网页系统，该网页系统就属于这种商业模式。

2018 年 9 月 28 日

09 个人发明被大企业盗取——法院积极调解

我收到了来自个人委托的咨询。委托人曾是一家企业的研发部长，

---

❶ 由 DeNA 和 NTT DOCOMO 共同出资的小说、漫画网站。

他独自创业并进行了"电动吸尘器"的研发。然而，单靠中小企业是很难将电动吸尘器市场化的。于是，他带着这件创意去见日本屈指可数的吸尘器大型制造商，进行共同研发。

他与这家制造商签署了一份共同研发合同，研发工作进展顺利。然而从某个时期开始，这家大型制造商便以缺少市场性、成本高等理由中断了研发。他与该企业进行交涉希望能继续进行研发，但事情一直无法得到解决。他担心"这样下去我的创意就无缘市场了"，于是断了共同研发的念头，解除了合同。然而 1 年后，这家企业竟然将他的创意化为产品并开始销售。他认为对方擅自使用自己的创意，要求对方支付相应的报酬，但是对方不予理会。

对方以"这款产品的构思是企业独创的"为由，拒不回应。我对他所拥有的众多专利权进行了研究，看对方是否侵犯了他的专利权，结果发现能用上的专利只有一个。

我们向对方发出警告，告知其已侵犯了我方的专利权，然而对方仍然不予理会。于是，我们提起了专利侵权诉讼。为了对抗诉讼，对方对专利权提起了无效宣告，尽管如此，我们认为能够成功保住这件专利。但是令人意外的是，在口审❶中，审判长依职权提出了新证据。这样一来，专利权被无效的决定一出，我们在专利权侵权诉讼中就处在了劣势。

就在这时，东京地方法院的法官出面调解，他表示："这件专利可能是无效的，但是就这件案子本身而言，可以认为是大型制造商擅自窃取个人创意的案件，如果个人因专利权无效而败诉，是违背社会正义的。至少企业要支付个人在一系列纠纷中花费的费用中相应的金额来作为和解金。"最终，这件诉讼以我方认可对方不侵权为条件，对方接受法院的调解并支付和解金而告终。

2019 年 4 月 12 日

---

❶　无效宣告程序中的一项审理程序。

10 无视其他公司专利而蒙受巨大损失——支付高昂"学费"

行业巨头 X 公司收到了承包商 Y 公司提出的新型零件方案。X 公司经过研究，认为这项提案有利于公司业务，并决定采用。Y 公司开始向 X 公司交付这种新型零件。X 公司通过这种新型零件降低了成本并且改善了功能，产品销售急剧增长。随着 X 公司的产品销售增加，其向 Y 公司发出的订单也不断增加。

然而此后，Y 公司注意到 X 公司给 Y 公司的零件订单无缘无故地逐渐减少了。Y 公司向 X 公司询问："X 公司的产品销售处于增长态势，却为何减少我们公司的订单？"对于这个问题，X 公司闪烁其词。经过多方调查发现，X 公司还从其他承包商 Z 公司订购该零件。

Y 公司向 X 公司表达了自己的想法："贵公司似乎从其他承包商那里订购了这种零件。但是我们公司拥有该零件的专利，希望贵公司予以尊重。"但是，X 公司无视 Y 公司的意见。此后 Y 公司又多次提议就此事进行协商，而 X 公司完全不予理会，只是一味地强调"双渠道采购是基本原则，希望你们能够理解"。更甚的是，如果 Y 公司提出其他要求，X 公司就扬言终止订购 Y 公司的产品。

Y 公司苦于无从应对，在公司内部进行了讨论，有的人认为："谁让我们是承包商呢，这也是没办法的事。"也有人认为，"如果辛辛苦苦研发的产品专利都得不到尊重的话，那么今后不管再如何努力研发，也得不到回报"。于是，Y 公司向 X 公司提起专利侵权诉讼。既然提起了诉讼，Y 公司也就做好了被踢出承包商行列的准备。而且为了彻底赢得诉讼的胜利，Y 公司在诉讼前进行了充分的调查，做好了万全准备。

正是由于诉讼前的精心准备，在第三次庭审中，法官认定 X 公司侵权成立。当法官向 X 公司提出支付 8000 万日元进行和解时，X 公司别无选择只能接受和解。这个案件展示了一个由于无视其他公司专利而支付了高昂"学费"的故事。

2019 年 4 月 19 日

11　技术和专利获得成功——开展业务失败的案例

　　20 世纪 80 年代后期，由于氟利昂气体会破坏平流层中的臭氧，联合国通过了《蒙特利尔破坏臭氧层物质管制议定书》，禁止使用氟利昂气体。此后，直到 1999 年（日本平成十一年）这项管制政策被不断加强，研发氟利昂的替代品成为当务之急。然而，替代氟利昂的物质难寻，这使得研发替代品成了一个世界难题，禁用氟利昂给产业界带来了巨大影响。

　　当时，有一位委托人给我讲解了一项不含氟利昂的发明。委托人是一家只有几人规模的小创业公司，其研发了不含氟利昂的新型清洗技术。这项新型清洗技术是使用水的超声波清洗技术。他们发现，在以往的超声波清洗技术中，清洗液的水中所含的空气会阻碍清洗效果，而如果将水适当脱气再使用，则可以实现与氟利昂不相上下的清洗效果。我们将这项技术申请了专利并开展业务，在日本国内和其他国家都获得了不少专利。

　　这项技术受到美国国家环境保护局的关注。美国国家环境保护局邀请发明人到美国，并且为了使遭到美国产业界反对的氟利昂禁用令通过，让发明人向产业界介绍这项技术。由于这一贡献，发明人获得了美国国家环境保护局颁发的平流层臭氧保护奖，日本国内颁发的中小与中坚企业研发发明奖。这项技术在日本也引起了产业界的广泛关注，许多投资人纷纷投资这项技术从而扩大了业务。

　　不久，大批订单到了。生产得越多，资金需求就越大。而这项清洗技术需要根据不同的清洗条件来调节设备，否则无法使用。因此，即使交付了产品，为了实现期望的清洗效果，需要技术人员进行调试。但是由于业务急速扩张，公司并没有培养能够支援这项业务的专门技术人员。因此，交付产品的验收程序进展缓慢，投资资金无法回笼，经营陷入困境。

这个案例是在技术和专利上取得了成功，但在业务开展过程中失败了的案例。由此可见，新技术的商业化道路布满了荆棘。

2019 年 4 月 26 日

12 完善保护中小企业的体制——知识产权与合规性[1]

在第 9 节中，我介绍了大企业忽视、窃取中小企业知识产权的案例。有些读者看到最后可能会认为中小企业得不到救济吧。

2005 年（日本平成十七年），大企业的组织"经团联"（日本经济团体联合会）发布了《关于知识产权的行动指南》，确立了"鉴于知识产权在知识社会中的重要性，要尊重他人的知识产权，并且要努力在国内外构筑尊重知识产权的风气"，"在创造、保护、运用知识产权的过程中，在谋求企业价值最大化的同时，遵守《反垄断法》，促进公平自由竞争"的行动方针。

现今社会非常严格地贯彻落实企业的合规性（符合法律法规）。例如，对于上市公司而言，与专利侵权等诉讼以及其他法律事务相关的重要事项在法律上属于需要向董事会报告的事项，而且属于审计项目。一旦出现这种案件，会计师事务所就需要对案件进行审计，不能忽视。如果出现上述情况，必须写入年度报告并公布。

大企业对中小企业滥用其优势地位，以不正当的方式对待中小企业的行为属于不公正交易方法，违反《反垄断法》。对于这种行为，由日本公正交易委员会[2]予以严厉指导和处置。另外，日本的《承包法》[3]禁止发包商不公正地对待承包商。如果发包商实施了禁止行为，日本公正交易委员会会劝告发包商采取恢复原状[4]等必要措施。日本公正交易委员会将与中小企业局联合开展书面调查、现场检查。

---

[1] 合规性是指企业或组织在不违反法律、道德等社会规范的前提下正确开展业务。
[2] 日本的行政机关之一，负责实施《反垄断法》和竞争政策。
[3] 全名是《防止拖延支付转包费法》，是限制发包商对承包商滥用优势地位之行为的法律。
[4] 指恢复权利被侵害前的原有状态。

发包商存在违反法定义务的行为、禁止行为或者拒绝现场检查等的情况下，将被处以 50 万日元以下罚款，劝其改正，并公布企业名称。尊重中小企业知识产权的环境正在不断完善。

2019 年 5 月 3 日

13　由大学创办的企业的成功史——许可给其他公司使用的战略

由大学创办的制药企业 PeptiDream 是一个成功典范（股票市值超过 1000 亿日元），其发展历程可谓一帆风顺。该公司业务的核心技术是由东京大学先端科学技术研究中心的菅裕明教授研发的。

这家公司有三大业务支柱，一是名为"flexizyme"的人工核糖核酸（RNA）催化剂；二是 FIT 系统，该系统使用人工 RNA 催化剂来制造多种特殊肽；三是 RAPID 显示系统，对通过 FIT 系统制造的特殊肽进行快速准确的筛选，从而选出目标特殊肽。

据悉，这家企业成立于 2006 年（日本平成十八年）7 月，2013 年 6 月东京 MOTHERS 市场❶上市，2018 年 6 月的销售额达 64.26891 亿日元，营业利润率为 45.3%。

PeptiDream 公司创建了一个将三大业务组合起来的制药研发平台系统"PDPS"。据了解，公司的最终目标是使用该系统自主药物研发，同时，为了让其他公司也可以利用该系统，它们还在积极地与其他公司展开合作。

为此，PeptiDream 公司与其他公司签订共同研发合同，寻找并提供与共同研发者的目标蛋白相适应的特殊肽。此外，针对想要积极推进探索的合约方，还签订了技术许可合同，出借整个 PDPS 系统（参见企业

---

❶ 注：东京证券交易所，1999 年 11 月 11 日在一部、二部股市之外，又成立了一个称"玛札兹"的新市场。玛札兹这一名称来自于英语"Mothers"，是 Market of the high - growth and emorging stocks 的缩写，意为"高增长新兴股票市场"。

四季报网页版 2014 年 11 月 10 日的报道）。

实现自主药物研发这一最终目标通常需要花费 10 到 20 年。在这期间，维持研发的费用是必不可少的。在此之前，许多创业公司虽然拥有优秀的发明、商业资源，但是由于无法获得支撑其从研发到商业化的资金而夭折，这样的例子并不少见。

这个案例给我们的启示是，这家企业将为了实现自主药物研发而开发的工具、系统许可给其他公司使用，从而提高收益，用作自主研发的资金。为此，在专利措施方面，该公司还申请了大量专利坚实地武装自己，体现了其出色的知识产权战略。

2019 年 7 月 12 日

14 地区企业创造新技术——专家团队的集体贡献

福岛县的当地企业集体开发了毫欧电阻的量产技术。一直以来，为了实现锂离子电池的电源管理，需要一种将非常小的电阻进行量产的技术。仅有几名员工的 SINTEC 株式会社（福岛县磐城市）为了研发这项技术，向国家提出申请，并通过 2013 财年（日本平成二十五年）的补充预算获得了 8000 万日元的补助金。这家企业作为研发主体，负责计划、研发、设计。

对于这项业务，首先需要有人来做合金成型。几经寻找，该公司发现福岛县有制造合金的企业，从制造合金到合金成型的工序都可以完成。为了使成型的合金绝缘，需要进行热固性树脂的嵌件成型。这项技术不同于热塑性树脂的成型，是一项很难的技术，而福岛县的另一家企业可以进行嵌件成型处理。要批量生产该产品，必须进行品质管理，而拥有品质管理技术的企业也被找到了。这样，参与者都齐了。

为了实现量产技术，需要巧妙设计合金的精密形状，设计使热固性树脂注塑成型的量产模具。于是，由福岛县的"高科技 PLAZA"（公立试验研究机构）、山形大学研究热固性树脂注塑成型的教师提供支持，由协调员负责协调，参与者与支持此项研究的专家团队集结一堂共同推进研发工作。

然而，在研发过程中得知，正在研发的产品侵犯了其他公司的专利权，且很难规避。通过向专利代理师咨询并研究解决对策，他们最终实现了自主发明，形成了自主产品，并申请了发明专利，还获得了外观设计专利。

他们每月都会举行研发会议，基于研发路线图一边进行验证，一边推进研发，最终用时 8 个月完成了这项技术的研发工作。在泡沫经济破裂后撑过了 10 多年以上的企业都拥有良好的技术。这个案例很好地说明了，这种拥有良好技术的企业，如果遇到优秀的协调员，并且与其他企业联手的话，能够更好地进行技术研发。

2019 年 9 月 13 日

15　有效发挥专家的鉴赏力——实际运用出价值的知识产权

知识产权只有在实际运用的时候才会体现其价值。日本特许厅于 2018 年（日本平成三十年）启动了福岛知识产权运用项目，推进能够促进福岛县知识产权运用的事业。在 2019 年（日本令和元年）6 月，日本特许厅向公益财团法人福岛县产业振兴中心派遣事业策划员（Business Producer，BP），研究创建新事业的策略并提供建议。这是首次在东北地区开展知识产权运用项目。

这项事业是日本特许厅激活地区知识产权行动计划的一环，自 2016 年以来已相继在静冈县、北九州市、埼玉县实施并取得了成效。在这三个自治体中实现了 30 件知识产权的商业化，其中，静冈县占 60%，据说其商业化案件的销售业绩超过 8 亿日元（2019 年）。这次被派往福岛县的 BP 是活跃于静冈县的有限责任监查法人 Tohmatsu 的增山达也先生。

即使拥有优质的知识产权，要将其实际运用到事业中也是困难重重。特别是新的商业化需要建立产品的制造销售体制、开拓销售渠道等，这对创业公司而言并不容易。

在这种情况下，如果商业化方面的专家能够根据现状予以指导、建议等，则会成为极大助力。以往，各都道府县的知识产权活动由知识产权综合支援窗口❶的专家们提供帮助，事业活动由万事支援处❷的专家们参与规划，并且取得了成果。为了进一步扩大这种模式，还开展了为知识产权与商业化搭桥的支援活动。

另外，日本文部科学省从 2014 年开始推进"START"项目（基于大学的新产业创造基地项目），尝试对大学产生的知识产权的商业化予以援助。该项目由校外的风险投资方（发起人）与知识产权专家对大学产生的知识产权进行鉴定，代替不熟悉商业化的大学实现其知识产权商业化。冲绳科技大学研究生院已经利用"START"项目成立了一家商业公司。

2019 年 12 月 13 日

16 期待新产业和就业——在福岛县展开的知识产权活动的动态

2017 年（日本平成二十九年）7 月，福岛县和日本专利代理师协会在郡山市举办了一场面向中小企业管理者的知识产权宣传小组研讨会。一般在地区举办的知识产权相关研讨会参加人数较少，但这一天，参会人员达 250 多人，超过了预期，还出现了座位不够的情况。出席此次研讨会的郡山市市长品川万里先生决定"要让知识产权在郡山市发挥作用"。翌年，也就是 2018 年 2 月，郡山市与日本专利代理师协会签署了支援协议。城市与日本专利代理师协会签署协议在东北地区尚属首次。

2017 年秋天，县议会通过了支援知识产权的补充预算，并开展了

---

❶ 知识产权综合支援窗口遍布日本各县，对中小企业的知识产权事务提供一站式服务，在某种程度上发挥了类似于中国的地方专利局的部分功能，其支援的面非常广泛，可以说只要涉及知识产权，什么都可以咨询，并且很多咨询是免费的。
❷ 免费的咨询窗口，专门负责经营方面的咨询。

支援活动以促进知识产权的运用。与此相呼应，日本特许厅特别批准在福岛市滨通海岸地区将专利费等官费减免至 1/4 以支援灾后复兴。这项制度从 2019 年 4 月开始实施。

2018 年 7 月，日本金融服务管理局和日本特许厅在郡山市联合主办了知识产权金融研讨会（用知识产权连接中小企业和银行），百位金融相关人士参加，并在会议上讨论了知识产权作为企业资产在金融信用评估中的重要性。此外，同月，日本特许厅向会津大学派遣复审审查员（资深的审查员），以支援 IT 领域专利的有效利用以及产官学结合。

2018 年 10 月报道了一则消息，福岛县将在 2019 年成立一个官民合作组织，促进当地中小企业使用大企业的"休眠"专利。这便是前面介绍的"川崎模型"的福岛版。为了实现福岛县的灾后复兴，城市、县、国家都采取行动，开展业务来促进知识产权的灵活运用。这种景象在其他县是看不到的。好消息是，福岛县地震后的专利申请量增多，2017 年跃居东北地区第二位，专利申请量仅次于宫城县。

这种好势的头如果持续发展下去的话，则有望在福岛县形成一种新的区域振兴模式，即通过运用知识产权在福岛县创办新事业、新产业，通过新事业、新产业的发展创造当地就业机会。福岛县需要一个引擎——"产学官金"的平台来推动这种模式持续发展。

2018 年 10 月 26 日

17　重新认识知识产权的价值——福岛县的知识产权运用项目

由日本特许厅推进，并与各个城市合作举办的福岛知识产权运用项目的研讨会，于 2019 年（日本平成三十一年）1 月 22 日、1 月 31 日、3 月 6 日分别在会津若松市、磐城市、郡山市举行。每一场研讨会的参加人数都超过 100 人，场面盛大。

该项目旨在通过运用知识产权来实现能够创造就业岗位的事业、产业，从而实现灾后复兴，这是仅针对福岛县开展的项目。

在会津若松市的研讨会上，参会者围绕"利用知识产权积极创办IT企业，给会津地区带来活力的措施"展开了讨论，并提出了诸多观点，例如，"知识产权是创业必不可少的工具，它与独占技术、合作、企业信用息息相关"，"知识产权是向投资者进行技术说明，使投资者理解技术的指标"，"为此，需要战略性的知识产权化"等。

在磐城市的研讨会上，参会者围绕"将创新海岸构想与未来结合的人和商业"展开了讨论。有的参会者指出，"我们的目标是，利用知识产权使磐城市成为高附加值的城市"，"知识产权至关重要，只有知识产权能够激发企业活力"，"年轻的发明人也能够通过出色的发明来增加收入、提高社会地位"，为此，"需要建立一种管理者、研发人员、知识产权担当、专利代理师四位一体的机制"等。

在郡山市的研讨会上，参会者围绕"福岛的知识产权运用情况的进展（医疗等）"展开了讨论。参会者指出，"拥有专利可以独占技术并确保竞争优势"，"为了使技术成为专利，与专利代理师等专家人士的合作是必不可少的"，"若知识产权战略失败，就没有未来"。

总结而言，福岛县的有识之士所说的一番话令我印象深刻。他说："虽然福岛县的企业在不断发展，但是企业在获得知识产权方面却止步不前"，"我认为最重要的是企业管理者对知识产权的高度重视以及对知识产权的执着"，"企业不了解知识产权无异于自毁前程"。

2019 年 4 月 5 日

18 成为世界的先进模式——"电池谷"设想

一般社团法人磐城电池谷❶推进机构对以各种电池（蓄电池），尤其是作为新一代产业关键设备的锂离子电池等为核心的各种事业开展支援、实施活动。以磐城市为中心的周边地区聚集了大量的电池相关产

---

❶ 类似于美国的硅谷（Silicon Valley），因以磐城市（日文读音 Iwaki）为中心的周边地区聚集了大量的电池相关产业，所以此机构取名为"磐城电池谷（Iwaki Battery Valley）推进机构"。

业，被公认为电池相关产业的重要基地。该地区的目标是通过所有市民巧妙地使用电池，从而使本地的可再生能源能够自产自销，实现能源分散型社会。

作为实现该目标的事业之一，磐城市的企业家们将超小型电动汽车或载人型移动机器人导入本公司的业务中。这是一项为建设"灵活运用电池的先进城市"作出贡献的模范事业，通过公开招募和外包的方式来支援相应事业，还举办"Battery Valley Festival"活动，邀请广大市民来参加。此外，为了未来的人才培养，还举办了磐城 EV 学会❶，召集福岛工业高等专科学校、平工业高中、勿来工业高中等县内的学生听讲。

作为这项事业的核心企业开展活动的东洋系统株式会社于 2018 年（日本平成三十年）获得了"福岛产业奖"的最高奖——县知事奖。这家企业已经创业 30 年，一直以成为世界电池领域最尖端企业为目标，不断推进研发、扩展业务。该公司为许多大型国产汽车公司的"环保汽车"中搭载的电池提供研发支持，进行品质管理，确保混合动力汽车和电动汽车中的电池的安全性。

地震发生后，这家企业由于是磐城市的企业，受（核污染）谣传影响而经济受损，业务难以维持。据说那时大型汽车公司将其他地区的工厂整个免费借给这家公司才使业务得以维持下去。

对于世界的产业以及人们的生活而言，电池不仅为汽车提供电源，而且在各个领域都发挥着电源的作用。在这个时代，没有电池，世界就无法运转。如果将电池比喻为世界的心脏，那么由福岛县当地企业和人民支持并实现电池事业的这种先进模式，不仅为灾后复兴提供强大动力，同时还可以与世界接轨。希望"产学官金"的结合使福岛县能够实现这种模式。

2018 年 12 月 7 日

---

❶ 培养电动汽车（EV）相关技术人员的学会。

19 **为了企业发展的知识产权战略——需要提供建议的人才**

企业的知识产权战略，概括而言就是如何在经营中战略性地运用知识产权以赢得市场竞争。

首先，企业知识产权战略的基础是知识产权创造循环，即对创新进行投资以产生新的差异化技术、服务，并且用专利等知识产权予以保护，由此独占技术或服务从而实现收益的扩大和最大化，之后将获得的收益再投资到下一个创造中，在这个循环中业务不断发展。

知识产权战略中的"战略"到底指什么呢？"战略"可以被认为是在一个特定场景下，"设定要实现的课题"和描绘"实现课题的剧本"。例如，如果这个场景是中国，那么它又分为世界中的中国、亚洲中的中国、东亚中的中国，在这些特定场景中，存在一个"对在中国的经营战略给予支援的课题"，需要思考"为了实现这个课题，要描绘一个什么样的剧本"。

这时，需要根据中国这个国家的经济环境，以及随时间推移而发生的经济、产业的结构变化，来创作一个如何战略性地将知识产权运用到经营活动中以解决课题的"剧本"。

将剧本付诸实践的是知识产权管理。为此，需要安排一名负责管理知识产权的人员，与事业部门、研发部门合作，建立一个知识产权、事业、研发三位一体的体制来推进事业发展。

美国 IBM 公司为了强化业务竞争力，设置了一个被称作"知识产权策划"的专门职位，负责知识产权的战略性运用。在此之前，企业的知识产权部门一直处于事业部门和研发部门的下游，应对滞后，但是企业渐渐明白这样是不能战略性地运用知识产权的。

解决上述问题所需的是协调型人才，他们可以从宏观上把握公司知识产权的状态，创造有助于公司业务发展的知识产权，并向事业部门和研发部门提出该知识产权运用方面的建议。日本的大企业也意识到协调型人才的重要性，并设立了此类部门。

2019 年 10 月 18 日

20　在企业中充分利用知识产权——了解业务路线

企业的经营资源包括品牌、人力资源、企业文化等无形资产。无形资产中，技术、商业秘密是由人的智慧创造出来的，从这个意义上讲，它们属于智力资产，并且其中一部分会通过诸如专利权等权利进行保护。以上这些被统称为"知识产权"。

知识产权管理是指，如何管理这些知识产权以有助于企业经营，如何创造知识产权以实现通过运用知识产权使企业在竞争中获胜。知识产权管理赋予企业持久的竞争力。如果煞费苦心、冒着风险进行投资和研发的技术轻易地就被他人模仿（搭便车）的话，那么企业将无以立足。

重要的是，亮点技术不被模仿。也就是说，如何建立一种机制使本公司的知识产权不被他人模仿，从而在市场上占据有利地位。为此，首先要做的是，不应过度公开技术，对技术和信息进行管控以防被盗等。万一技术被抄袭，为了能够通过法律途径应对，需要拥有知识产权，运用知识产权清除这种侵权行为。

那么，只要我们手握权利，就可以完全消除这些模仿行为吗？实际上，算上和解的情况，在日本，专利权人在专利侵权诉讼中的胜诉率是40% 左右（根据 2017 年日本最高法院的调查）。由此可见，即使利用司法程序也很难保护自己的技术。为什么会出现这种现象呢？原因在于，在知识产权的获得阶段，专利权人大多不会事先预见这种纠纷。

企业需要对知识产权进行管理，通过全面布局发明、外观设计、商标、著作权等知识产权，来构建一个"攻守兼备"的战略性知识产权机制。构建知识产权战略需要了解事业的发展路径，考虑其他公司的发展趋势。为此，企业前期需要进行充分的调查，利用调查结果制订战略。

2019 年 11 月 1 日

21 创业公司的挑战——知识产权措施是最重要的项目

最近，许多初创企业的人员来我的事务所拜访。每家企业都有一个令人"惊叹"的研发主题，想尝试通过新技术或者新服务来开展新业务。我从事知识产权工作已经 40 多年了，现在的创业公司，它们的目标大多是我不曾见过的商业模式，我很高兴能够与它们相遇。

来访者大多是没有从商经验的人。由于是新业务，所以大多都没有充分了解商业上的竞争对手是谁、拥有什么样的实力、相对于竞争对手而言本公司的优势和劣势是什么。即使是二次创业，如果即将踏入另一个完全不同的领域，那么曾经的经验也是不适用的。

因此，首先要做的是分析专利信息和网络信息，宏观把握即将挑战的事业领域的竞争环境，对本公司业务进行定位。接下来，分析竞争对手，在与本公司进行对比的基础上，了解本公司的优势、劣势、机遇、威胁（即 SWOT 分析），思考能够发挥优势、抓住机会、遏制劣势和威胁的战略，从而制订整体计划，绘制目标蓝图。

对于创业公司而言，独一无二的想法以及对想法的热情是其经营资源的全部。为了保护创意、使其得到世人的认可，获得专利等知识产权是必不可少的。如果一个好的创意能够获得专利授权，得到知识产权的保护，那么其就会获得投资者的信赖，投资和融资也会随之而来，自然可以推进业务发展。但前提是企业的优势通过知识产权能够得到切实的保护，这就是所谓的"机不可失、失不再来"。因此，研发初期的知识产权措施最为重要。

为了使选定的技术和服务满足社会需求，我们事务所与许多创业公司每月会举行一到两次研发会议，大家坐在一起研究策略，对想法和创意进行精雕细琢，将它们打磨成一个个技术方案。我觉得这些企业未来可期。

2019 年 6 月 14 日

开辟理想的创业道路

与以往相比，现在的创业公司所处的环境更有利于快速创业。在第四次工业革命的浪潮中，大企业认识到研发资源有利于拓展公司新业务，于是它们一旦发现令人"惊叹"的技术资源，会毫不吝惜地积极参与投资，使创业公司也能够获得投资从而推进研发。

然而，如第 1 章所提到的，在创业的过程中，"魔鬼之河""死亡之谷"和"达尔文之海"这三道障壁横亘在创业者的面前。

那些越过艰难险阻、将一项事业长期经营下去的企业，无论规模大小都是优秀的。而有些企业仅仅是在某个时期昙花一现，很难持续发展下去。

假设研发了一款有吸引力的创意产品，通过申请专利获得专利权来防止其他公司制造、销售相同产品。然而，由于是创意产品，因此产品市场尚未打开。为了将产品推向市场，需要开拓新产品的销售渠道，创造出一个销售环境。

在开拓销售渠道的过程中，为了吸引用户，需要开展一些活动让用户了解产品。同时，摸索什么样的用户对该产品的需求最大，通过独特的功能和设计突出产品特点，完善产品以提高用户满意度。并且，将用户期待值较高、有吸引力的设计申请外观设计专利来防止近似产品跟风。然后，给这款产品取一个好名字并注册商标，利用各种宣传媒介对这款产品的优异功能和设计进行推广，展示其独创性以及亮点，实现品牌化。通过注册商标和著作权保护其品牌力。最终产品获得成功，得到世人的认可，由此需求扩大，业务增长。

这是一种理想的商业化和知识产权化的流程。新创事业即挑战。

2019 年 6 月 21 日

得到"产学官金"的认同

与创业公司的管理者聊天时，会听到许多烦恼。

其中比较令人头疼的就是资金状况，比如研发资金，用于将研发成果转化为产品的资金，维持产品、服务的资金等，需要花费很多精力去筹集用于维持事业发展的资金。不管开发什么项目，这种现金流都是最重要的。研发需要资金，即使研发成功，也要经过一段时间才会获得收益，而维持这段时期所需的资金对于企业家来说是最费心的。

对于一项新业务而言，要做的是寻找用户，开拓销售渠道，让用户购买产品和服务，由此获得超过研发费用的收益，这样企业才会运转起来。有过创业经验的人应该都很熟悉这一点，但是创业公司的创业者大多没有经验，对此后知后觉，会在这儿吃点苦头。

现在的创业公司开展的许多业务都很新颖，它们的目的是解决当今社会中存在的不合理现象和问题。医疗服务事业要解决医疗制度中的便利性问题，需要从根本上改变医疗制度，民营企业要利用可再生能源将面临对电力流通机制的利用和改革的问题。

现在的新兴创业公司所面临的许多挑战都与社会创新（社会结构改革）相关，如果得不到行政、政治层面的理解和认同，得不到现有大企业的理解和认同，则很难挑战成功。得到这些方面的认同并开始创业可能要经过很长时间，可企业往往在这之前就已经难以维持了。希望"产学官金"各界能够早日对这些有意义的事业进行评估，予以支援，帮助新兴创业公司实现创业。

目前已经建立了各种机制，经验丰富的前辈自愿给经验少的创业者提供指导，希望他们的力量能够发挥作用。

2019 年 6 月 28 日

 22　集结地方之"民力"——用知识产权实现地区新生

日本人口减少、少子化、老龄化的趋势正在不断加深，特别是在地方，年轻人涌向大城市的现象显著。因此，地方希望创造出一个这样的世界：在这个世界里，有年轻人能在地方城市踊跃参与的行业或业务，由此产生就业，年轻人可以扎根在这片土地上并定居生活。此时，期待知识产权能够作为一束光起到引爆剂的作用。

知识产权拥有一股很大的力量，伟大的发明一直改变着世界。在第一次工业革命中，"蒸汽机"改变了工业；在从 19 世纪下半叶到 20 世纪初的第二次工业革命中，"电力"改变了工业；在第三次工业革命中，"计算机"改变了工业。在当前的第四次工业革命中，物联网（IoT）、人工智能（AI）和大数据将改变工业。现如今，世界将随着改变社会的发明而发生改变。

对于地方的知识产权运用，日本已在国家层面制定了政策，并由地方行政机关委托给各地方自治体的相关部门实施。可谓政府挂帅，民间兴之。但是，按照这种方法，政策在地方向下级推动并付诸实施是需要时间的。而在此期间，世界可能已悄然改变，这就是当下我们正在面临的时代。

招募"每周一天做公仆"的普通市民——日本经济产业省正在尝试雇用普通市民，使其作为兼职每月为政府工作大约 4 天。在这个充满变革的时代，政府主动承认"单靠公务员应对不来"才是明智之举。

倡导"市民搞技术"——由市民主动利用 IT 解决地方问题，而非交由政府部门解决的专项活动正在开展。

以丰田为首的大企业都在为了生存而拼搏，现在是日本各地区都在为了生存而拼尽全力的时候。为此，各地区集结了熟悉该地区的民间力量，各地区的官员也不是一味等待行政指令，而是要主动激发出自己改变地区的智慧；地方媒体也要将该地区丰富的信息转化为改变地方的力量，各地区的行业团体组织要提出自己的研讨课题并为地区建言献策。我坚信官民同心为地区谋发展而充分运用知识产权力量的时候到了。正因为如此，知识产权才会给各地方带来改变。

日本福岛县目前正处于用"开动脑筋迎创新"的活动理念重建福岛的时期。现如今，正当时。

2009 年 7 月 5 日

23 善用国家县级支援——开放保守两手抓战略

有数据显示，在地方，中小企业中拥有专利权或运用专利权的公司的销售利润率为 3.5%，比未拥有专利权的公司（销售利润率 1.8%）和大企业（销售利润率 2.6%）都要高。

据说，对中小企业的员工人均营业收入进行比较也是同样的结果。入选全球小众顶尖企业百强（在大企业难以进入的领域所占世界市场份额最高的企业）的企业正在积极获取专利，以在世界市场确保并保持较高的市场份额。本书第 1 章第 5 节介绍的郡山市 Frontier Lab 株式会社在气相色谱仪（物质分析仪）的附件零件领域获得了日本国内市场份额的 80%，国外市场份额的 50% 的好成绩。

即便如此，日本中小企业的专利申请量约占全国专利申请总量的 12%，比美国的大约 25% 和韩国的大约 15% 要低。有报道称大约 65% 的中小企业认为"开展知识产权工作很重要"，但与销售和研发工作相比，它们对知识产权工作的重视度不够，觉得缺乏人力、物力、财力，还无暇顾及知识产权工作。

因此，国家在所有的都道府县设立了知识产权综合支援窗口，聘请专利代理师等专家，每年拿出 150 亿日元以上的政府预算用于减少专利官费，帮助申请人向国外申请专利，以及对运用知识产权的企业实施金融援助，国家在支持知识产权运用工作的方方面面都投入了力量。

据调查，许多中小企业存在担心自家技术泄露而不愿进行专利申请的倾向。但是，仅通过保护技术来防止技术泄露是不能让自家的优越技术为社会所认可的。如果技术不被社会承认，那它就等同于不存在。通过获取专利，能够让自家的优越技术被世人知道。

因此，要重视开放保守两手抓战略，避免技术泄露的同时获得专利。为了获取专利并不需要将所有技术都对外开放，这是一种牢牢意识到哪些技术要开放（公开），哪些技术要保守（保密）并谋求获取专利的战略。企业是时候乘着国家和各地政府大力支持知识产权的政策之风大步走出来了。

2019 年 7 月 26 日

24　对中小企业而言，知识产权的价值——获取专利事关企业生死

在上一节我介绍说日本的中小企业专利申请的比例比美国和韩国的要低。因知识产权工作在业务上取得好结果的企业对专利申请很积极，反之，许多公司认为难以取得好结果，因此从性价比来考虑的话，很多企业不会积极申请专利。

那么取得知识产权会有什么好处呢？取得专利权的主要目的是保护自家技术并独占以扩大收益，注册商标的主要目的是保护自家公司品牌并吸引客户等。据调查，在拥有百人以上员工规模的企业中，基于以上目的申请专利并取得良好效果的企业相对而言比较多，而拥有 30 人以下员工的小规模企业则很难取得这样的成绩。

但是，像入选全球小众顶尖企业百强这样的成功运用知识产权的企业里，也有拥有 30 人以下员工的小企业。

30 人以下员工规模的企业因为业务规模很小，所以获得专利权等难以立即与扩大收益挂钩。但是，规模小却在知识产权工作上积极进取的公司也说，开展知识产权工作的好处是实现了有利于与供应商和合作客户谈判、开拓了新的销售渠道、在宣传活动中能够积极展示公司以及与其他公司在业务合作上很顺利等效果。

通过这些效果，企业规模得以扩大，如果在此基础上达到百人以上员工的规模，则能够直接看到获取专利权等所取得的成绩，并能够看到这些成绩体现在日常的业务中。

知识产权的运用也因企业本身性质、规模以及行业不同而不同，只有发现这种不同并灵活运用知识产权才能创造价值。对于初创企业而

言，从使投资人认可自家公司的技术和自家品牌，以及展现自家公司的独特性以保证人才汇聚的角度来说，获取知识产权事关企业生死。

在竞争激烈的行业中为了确保自家公司的优越地位，构建扎实稳固的知识产权机制使其不被其他公司模仿是在竞争中取胜的关键。

2019 年 8 月 2 日

25 创造知识产权——"快人一步"和"点睛之笔"

为了利用知识产权需要有能够利用的知识产权，为此，关键所在就是创造知识产权、提高可拥有的知识产权的价值和将智慧资产转换为知识产权。

"创造知识产权"是指对发明、设计和品牌等进行"创建"，但这并不是从一无所有开始产生的。"创造知识产权"的捷径就是以自家公司至今为止的积累为基础，以新的切入口创造出至今从未出现过的事物。

前几日，一家公司的社长来到我们事务所，他说："最近，美国放宽了对产品的管制，这一趋势势必会扩展到全球。放宽这种管制后，世界上将会产生前所未有的需求。我们公司已经先发制人，做出了发明并想出了新产品。"新事物过早或过晚出现都不会被世界所认可，重要的是"快人一步"。

"提高可拥有的知识产权的价值"是指重新审视现有的想法和产品，进一步加上点睛之笔。很多时候，当我听到一个创意时，我确实觉得它很新颖，想法本身也很有趣，但是又会觉得，这似乎是常人也能想到的。在此，就需要尝试加上点睛之笔，这样才能与其他公司形成差别，提高自家公司的价值。

"将智慧资产转换为知识产权"是指重新审视自家公司所拥有的商誉和业务网等智慧资产，使其转化为前所未有的且为社会所需要的形式。这种努力，是充分运用自己都没有注意到的至今为止积累的智慧资产，使其成为对业务有用的形式。

当今时代，新产品或新技术一旦产生，制造类似的产品或技术并不困难。好不容易快人一步研发出来的产品或技术，决不能被紧随身后的其他公司窃取精华。正是因为如此，借助专利代理师等专家的力量，思考"开放保守两手抓"战略和能够切实保护基本发明的布局的专利策略，并在市场营销战略上下功夫的知识产权管理才非常重要。通过创造知识产权和保护知识产权，才能实现知识产权的运用。

2019 年 10 月 25 日

26 城市创新——利用民间力量赋予城市动感

日本神户市大力支持创业，其中正在开展的一个备受关注的项目就是"城市创新神户"项目。这是一个携手创新的项目，它由政府和初创公司组成团队，对神户市政架构中需要改革或改进的事项提出新的解决方案。

即使能够看到问题症结所在，但是仅凭政府很难改变现状。为了解决这样的问题，如果单纯将其外包给民间力量，由于它们不太知道市政架构，研发并不能顺利开展。既然这样，那就政府和民间力量一同进行研发来解决问题吧。

初创企业对于市政府提出的问题进行应标，和市政府的负责人一同进行 16 周的研发，并进行现场测试。16 周后被选中的团队宣布研发内容，并在市政府和初创公司双方都希望继续研发的时候，探讨将研发用于实际服务。

到目前为止，我们正在研发以政府工作人员为使用对象、可用于进行孩子与养父母匹配的工具，研发育儿活动参与应用程序以及能够顺利指引政府办公窗口的工具。该项目在解决政府问题的同时，也支持了创业，促进了初创企业开展业务，可谓是一箭双雕。

另一个尝试项目是以城市预算招揽以初创企业为投资对象的美国投

资组织兼培养支持团体"500 Start-ups"。该项目致力于通过与神户市协同联手，即采用手把手教授体制，指导初创企业助其成长。据说由此召集到的初创企业中，来自东京等其他地区的企业比神户市周边的企业还要多。

2018 年（日本平成三十年）在该项目中被选中的企业有日本国内企业 14 家、海外企业 6 家。据说参加此项目的企业并不需要承担在神户创业的义务。作为初创企业的加速器，神户市敞开心胸向海内外公司提供创业支持，可见其目的是从全世界招揽充满活力的初创企业从而振兴神户。

2020 年 2 月 7 日

27 开辟海外发展之路——中小企业技术标准化

日本群马县高崎市一家中小企业阿库拉系统株式会社（现名 mil－kin 株式会社）已获得 JIS❶ 标准。该企业研发了一种便携式微生物观察仪 "mil－kin"（阅细菌）并将其做成了产品。该产品利用新市场创造型标准化制度（日本经济产业省颁布）实现了性能的标准化，并于 2019 年（日本平成三十一年）3 月作为 JIS B 7271 标准得以确立。

该产品是一种便携式显微镜，它可以利用智能手机对细菌进行确认，已经获得了发明专利（第 6296318 号、第 6296317 号、第 6418458 号），并且作为今后能够广泛使用的技术成为日本行业标准。

使用这一产品能够在餐厅或食品厂等地直接简单地观察细菌的繁殖状态，并且能够快速进行卫生管理，由此大型餐饮公司可以在多个店面进行现场检测等。此外，还能够在牙周病诊断的牙科医院看到口腔内细菌、确认牙病治疗效果。自 2017 年 6 月推出以来，该产品已被 21 个国家或地区的超过 1650 家公司所采用。

---

❶ 日本产业规格的简称（Japanese Industrial Standards，JIS），是与日本产品的规格、测定方法等有关的国家标准。

　　在此之前，虽然存在例如在食品加工厂或食品烹饪加工厂等地观察细菌繁殖的需求，但由于承载样品的玻片玻璃有时会破碎，因此无法将显微镜带到加工现场。因此，以往都是采样之后在其他地方培养并用显微镜观察。采用以往这种方法，观察费时且不能简单地进行工作确认，因此业界一直在寻求一种新的方法。该产品无需玻片，也不需要调整或培养样品，只需要将含有水分的样品直接放在该产品上就可以在现场即刻进行观察。mil－kin 作为一种能够对微生物进行简易检查的工具得到了认可，有望在以食品加工厂为主，包括医疗场所、餐饮店、教育场所等地得到充分利用。

　　即使是中小企业也可以创造出标准化的技术，并且被国家认可后还能作为国家认可的技术轻易地在海外开展商业活动。我听说该公司决定接受风投公司的投资，与新加坡法定机构❶合作建立国际标准的技术。

2020 年 3 月 13 日

---

❶ 新加坡法定机构，是指在新加坡，通过各监督省厅，在新加坡国会承担责任的政府行政机关。

第 *4* 章
羊羹获得专利

01 羊羹获得专利——评价创造性劳动

在第二届"福岛产业奖"中获得特别奖的株式会社长门屋总店的 "Fly Me to the Moon"❶ 羊羹 Fantasia，其历时 6 个月获得了专利（特许第 6279134 号）。这款羊羹每切一刀，切口的图案都会改变。图案中的月亮从新月变成满月，小鸟呈现从静止状态向满月展翅飞翔的样子，与此同时夜幕缓缓降临。简直是藏了一部令人观之惬意、品之愉悦的电视剧。这款羊羹的设计是划时代的，也获得了"2017 年度 Good Design"奖❷。

这款羊羹为了使外观优美，进行了很多独创性的设计。其切口为梯形，以使羊羹在刀切时能够独立站立。底部用小豆羊羹表现起伏的大地，最上层也设计了小豆羊羹，中间层则用透明的锦玉羹❸来表现空间。在该空间之中，配置了月亮根据切口的变化从新月到满月逐渐变化的黄色羊羹和小鸟朝向满月徐徐展翅的白色羊羹。

---

❶ 参见 https：//nagatoya. net/？ pid = 151939531.
❷ Good Design 奖是通过设计将人们的生活、产业和社会变得更加富足的一项社会运动。
❸ 使用琼脂制作的夏季日式点心。

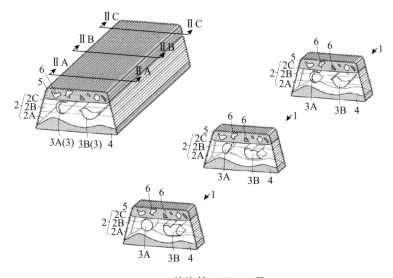

特许第 6279134 号

引用：https：///nagatoya. net/？pid = 151939531。

出处：会津长门屋本店官网。

羊羹是自古就有的一种点心，制作手法也各式各样。虽然之前也有过刀切时呈现图案变化的羊羹，但这款羊羹进行了独特设计，不仅使月亮和小鸟的形状根据切口逐渐改变，而且中间层的锦玉羹的亮度也逐渐改变，以此来突出作为主角的月亮和小鸟的变化。

为此，需要设计一种构造，将好几层不同颜色的果冻层叠并使各层的厚度也逐渐改变。如果不将这么多层设计成一体，则无法制作出一整块羊羹。因此，制作者巧妙地将各层黏结以使各层之间不至于分散。正因为有了这样的构造和奇思妙想，才能制作出这款羊羹。这样独创性的、前所未有的制作手法得到了认可，并被授予专利。

长门屋始创于江户时代末期的 1848 年（日本嘉永元年），是会津车站的一家老字号点心铺。这家店铺获得了"在保持传统的同时致力于挑战独创性的点心，产品供不应求"这样的好评。

2018 年 4 月 13 日

02 平凡的技术获得专利——追求理想的形态

神奈川县的编织店获得了"束发橡皮圈"（头皮筋）的专利。在此之前，为了将橡皮筋外套有织布的"复合绳"连结成环，需要使用金属头将连接部分固定起来。但是，扎头发时金属头会碰到手，因此，发明人考虑如果能用胶来代替金属头进行粘合就好了。

当然，用胶连结绳子的端部做成环是不会获得专利的。于是，发明人跟专利代理师进行了商谈。发明人将被粘结的部分切断后观察截面，发现了末端橡胶周围的纤维在连结部分处横跨两端，并以桥状穿过连结部分，从而提高了连结部分的强度。该结构因"不仅用胶粘合橡胶，而且两端的纤维穿过连结部分而将其黏结的结构"而获得了实用新型专利权（实用新型专利：第2148984号）。

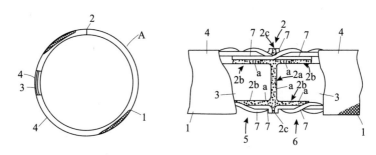

实用新型第2148984号

这个故事还有后续。一旦使用胶成功连结，连结部分的胶就会变硬而成为团状的块。有鉴于此，发明人希望将连结部分的形状美化。于是，发明人把橡皮筋复合绳外侧的纤维浸渍胶并使其干燥，将硬化的部分切断。这样，连结部分就像鱼糕的截面那样被切断，成为漂亮的端面。用少量胶黏合该端面，就能够将其黏结，而不会鼓起。该结构是第二代专利（特许第2936091号）。

但是，这次浸渍和干燥后的胶块部分变成了棒状的硬物。发明人接下来考虑的方法是将胶设计成水溶性胶以使纤维硬化，以相同的方式将端面干净地切开，并使用不溶于水的胶将端面粘结。然后，将浸渍的水溶性胶进行水洗后剥落。这样，浸渍产生的胶的棒状硬块便消失不见了。这是第三代专利（特许第 2936091 号）。

这个案例告诉我们，如果一步一步追求理想的形态并改进技术，即便是普通的技术，也会产生新的技术。结果，这款头皮筋❶通过在 JR 集团铁路车站的便利店 Kiosk❷ 销售而风靡全国。

2017 年 12 月 8 日

03 "萝卜泥" 也获得专利——创意转用的胜利

在日本，有一家公司大量生产萝卜泥，出售给餐馆和送货公司。但是，当天生产的萝卜泥并不能全部发货。于是，该公司想将剩余的萝卜泥分成小份，在便利店和超市面向单身人士等群体进行销售。最初的想法是，放入经常与咖啡一起使用的小份的牛奶容器里出售。如果在运输过程中冷冻保存，使用时解冻后食用，则可以长久保存……

想法很好，于是该公司决定将萝卜泥放入容器中冷冻销售，但是发现将萝卜泥解冻后从容器中取出时，纤维和水分会分离，萝卜泥的形状不复存在。这样是无法成为商品的，那么该如何是好呢？研发人员对此做了种种努力，但是进展并不顺利。

在此期间，有一天，研发人员在吃冰淇淋时，注意到冰淇淋明明也是由牛奶和水组成的，但是即便融化后，两者也很难分开。

研发人员经过各种研究，发现冰淇淋中含有羧甲基纤维素（CMC），也就是加入所谓的食品增稠剂，它的作用是即便解冻后牛奶和水也不会分离。

于是，研发人员在萝卜泥中加入 CMC 进行了实验，结果很顺利。由于 CMC 是已得到认可的食品添加剂，因此将其加入萝卜泥中进行销

---

❶　参见 https：//www. kai – group. com/store1 – products/detail/10506.

❷　Kiosk 是日本的 JR 集团所属的各铁路客运公司在车站内所开设的连锁便利商店及其商标名。

售也是没有问题的。该公司立刻申请了专利，并获得了授权（特许第3425932 号）。

虽然该创意与现有的冰淇淋相同，但并非谁都能想到将其转用于萝卜泥，因此该转用发明被授予了专利。

2017 年 12 月 15 日

 04 鲑鱼的卵巢膜获得专利——重新研究现有材料

这是关于鲑鱼的卵巢膜获得专利的故事。在日本，有一家处理并加工鲑鱼的公司，它不得不将鱼骨、鱼头和内脏扔掉。但是，在北海道，据说鲑鱼的头部和内脏对身体有益。

该公司委托了检验公司来验证鲑鱼的卵巢膜是否具有医疗效果，结果得知鲑鱼的卵巢膜真的具有医疗效果。

由于鲑鱼的卵巢膜具有医疗效果这一特征迄今尚不为人知，因此该公司向专利代理师咨询鲑鱼的卵巢膜能否获得专利。不过，对方的回答是："由于鲑鱼的卵巢膜本来就存在于自然界，是已知的东西，因此不能获得专利。"

为防万一，该公司又咨询了其他专利代理师，得知即便是已知的东西，当发现了迄今不为人知的技术效果时，利用该效果的发明（所谓用途发明，是指即便是与以往存在的东西是相同的结构，只要对新的、特殊的用途有利用价值，则可以获得专利的发明）也能获得专利。

于是，该公司提交了专利申请，并获得了从用蛋白质分解酵素分解鲑鱼的卵巢膜得到抗过敏剂，再到皮肤粗糙抑制剂、IGF1 提升剂、经皮毛发修复剂、毛孔变黑抑制剂等 8 件专利（特许第 3899116 号等）。如果从相同物质中开发出不同的用途，根据药效对效果进行详细分类并给出数据进行专利申请，则可根据用途分别获得专利。如今，该产品被用作大型化妆品生产厂家的原料。该案例告诉我们，使用先进技术可产生发明，对现有的材料/技术的重新研究也会产生发明。

最近，作为具有特定功效的健康食品，显示其功效的"特定保健用食品"（Tokuho）也终于得到了认可。有鉴于此，日本特许厅修改了审查指南，公布了予以认可的专利实例。如今，通过发现蔬菜等的新功效，例如"绿汁"的发明等多项发明获得了专利。

2017 年 12 月 22 日

05 福岛县小学生的专利——亲自向审查员解释独创性

2018 年（日本平成三十年）6 月，就读会津美里町小学四年级的关本创小朋友的发明获得了专利（特许第 6354011 号）。这或许是日本最年轻的专利权人了吧。

该发明是关本创上三年级时在第 63 届福岛县发明展览会的小中高部获奖的作品。获得专利的契机是关本创的父亲在读了"知财笔记"专栏文章（本书第 1 章第 3 节）的"暑假研究有成果，小学生获得专利——利用磁铁分拣废罐"这篇文章后，突发奇想地产生了"说不定我家孩子的发明也能获得专利"的想法。于是父亲咨询了福岛县知识产权综合支援窗口，并委托对方检索儿子的发明能否获得专利，对方的判断是具有专利性，因此关本创进行了专利申请。

该发明是一种方便在晾衣竿上悬挂较大衣物以将衣物晾干的工具（参照图特许第 6354011 号）。关本创看到母亲为了将床单等衣物挂到很高位置的杆上非常辛苦的样子，便思索一种使悬挂变得容易的工具。

自下而上举高床单向晾衣竿上一边滑动一边悬挂殊为不易。于是，关本创尝试切掉 PET（Polyethylene terephthalate，涤纶树脂）瓶的头和底部，做成筒状使竿穿过，这样一边旋转瓶子一边悬挂床单就方便多了。但是，将瓶子穿过晾衣竿很麻烦。于是，虽然制作了像瓶子一样的筒，关本创还特意将塑料板磨圆并用粘扣将其固定。

由于在这样的结构中，床单与筒接触之处的透气性很差，因此关本创想到了开设通风孔。试验后发现，晾晒的衣物有大有小。于是，关本创注意到了大的衣物需要大筒，因此花费精力制作了两张相同结构的塑料板。对于小的衣物，用一张塑料板做成筒状；对于大的衣物，用两张塑料板做成较大的筒状，从而完成了发明。

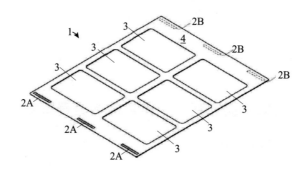

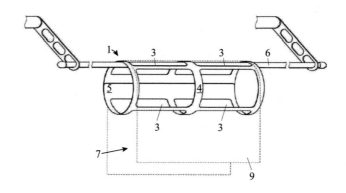

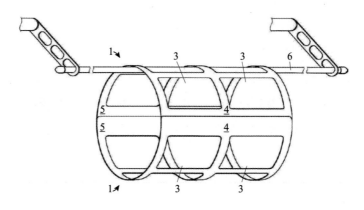

特许第6354011号

令人惊叹的是，在专利审查阶段，关本创本人与审查员进行了会晤，亲自说明了该发明的 4 个独创之处，该发明被认可并获得了专利。这是一个为了追求便利性而不断探索改进并做出发明的过程，真是难能可贵。要是有人能将该发明做成实物就好了。

2018 年 8 月 10 日

06 年糕专利的损失赔偿金——以专利贡献率来确定赔偿金额

行业排名第二的越后制果株式会社（以下简称"越后制果"）是"年糕"的专利权人，该公司以该专利起诉了行业排名第一的佐藤食品工业株式会社（现为佐藤食品株式会社，以下简称"佐腾"），该案件很出名。

如果在专利侵权诉讼中败诉的话，会被判赔偿多少呢？佐藤常年出售名为"佐藤年糕"的年糕。也许是看不下去"佐藤年糕"良好的销售势头吧，越后制果以专利为武器，2009 年（日本平成二十一年）向东京地方法院提起了诉讼，并提出了要求佐藤停止生产销售等诉讼请求。

一审的东京地方法院未认可越后制果的主张，二审的知识产权高级法院却认可了越后制果的主张并判决越后制果胜诉［平成二十三年（ネ）第 10002 号专利停止侵权等请求案件］。之后，佐藤向日本特许厅提起了无效宣告，主张越后制果所持专利无效，但在无效宣告程序、之后的行政诉讼（知识产权高级法院）以及上诉（最高法院）中均以败诉告终，最终越后制果在该侵权诉讼案件中胜诉的判决生效。

知识产权高级法院判决佐藤支付 8 亿多日元，其中 7 亿多日元为损失赔偿金，7298 万日元为律师费/代理费。判决认为产品销售额的利润率为 30%，涉案专利对该利润的贡献率为 15%，将这两个数字相乘，再乘以销售额得到的金额，即营业额（约 162 亿日元）的 4.5% 确定为损失金额。

这样，一旦侵犯了专利权，则计算专利对销售所得利润的贡献率，这两个相乘后的金额即为损失赔偿金。当无法计算利润率时，则根据许可另一家公司实施其专利而得到的实施许可费来确定损失赔偿金。

我从经验上推测，除了该损失赔偿金以外，为了将专利侵权诉讼和无效宣告案件打到最高法院，佐藤还付出了越后制果要求赔付的维权合理支出 7298 万日元的 2 倍以上的诉讼费用。这样的话，总费用将近 10 亿日元。或许是势均力敌的较量吧，原告和被告都打到了最高法院，如果不是事关重大的话，真是太费周折了。

2018 年 4 月 27 日

即便是法官也有不同的判断

专利权的保护范围是根据专利公报中记载的权利要求书的内容来判断的。保护范围会因该权利要求书的撰写方式不同而不同，因此这一部分如何撰写是重中之重，也正是专利代理师发挥特长之处。

那么，该"年糕"的专利是一件怎样的专利呢？

即便是作为专家的专利代理师也难以简单理解该"年糕"（特许第4111382 号）的权利要求书的内容。由于专利权的范围由权利要求书决定，因此每一字、每一句都很重要，一旦失误，便会损害专利权的价值。因此，一般来说，越趋向于用缜密的语句越令人费解。可能是因为这个原因，一审的东京地方法院作出了佐藤年糕不构成专利侵权的判决。不过，二审的知识产权高级法院作出了佐藤年糕构成专利侵权的改判。

简单来说，越后制果的该专利发明是在平板状的年糕周围开口或开槽。这样来开口或开槽的话，当年糕被烘烤并膨胀时，就会以该切口或凹槽为边界上下膨胀，因此可以将年糕烤得很好。

该案件中双方的争议之处在于虽然佐藤生产的年糕也是在平板状的年糕周围开口或开槽，但除此之外还在切糕的上表面和下表面设计了十字形的切口或凹槽。因此，双方围绕越后制果的专利与还"在切糕的

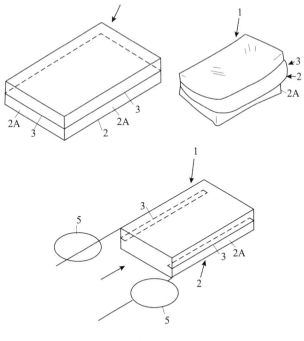

特许第 4111382 号

上表面和下表面设计了十字形的切口或凹槽"的年糕是否不同进行了争辩，东京地方法院认为不同，知识产权高级法院认为没有不同。由此可见，关于专利权的解释，即便是法官，也会因人而异产生不同的判断。

2018 年 5 月 4 日

07　专利授权的条件——是否对产业发展有价值

经常有人问我："如何做才能获得专利?"首先，必须将自己的发明向日本特许厅提出申请。对提交的专利申请提出审查请求后，审查员会进行审查并判断是否能授予专利。审查中需要满足两个条件：第一个条件为申请的形式要符合法律规定，第二个条件为申请的发明满足专利授权条件。由于形式是由法律决定的，因此只要符合法律规定，就没有问题。

重要的是发明是否满足专利授权条件。审查员会审查以下几个方面：①该发明是否为专利法认可的发明；②该发明的申请是否最早；③该发明在申请前是否为已知的发明；④该发明能否根据申请前已知的发明容易地得到等。这里应事先充分理解的一点是，审查对象是专利申请所附申请文件的权利要求书中所记载的发明。该权利要求书撰写的好坏关系到能否授权，所以这正是作为专家的专利代理师发挥特长之处。

专利制度旨在通过保护以往未有之发明而鼓励和激发人们进行发明创造，从而促使新的发明不断产生，使产业得以发展。因此，已知的发明和本领域技术人员根据已知的发明容易想到的发明不值得保护。审查员在审查之前，会在全世界的专利范围内检索与所申请的发明最接近的申请前已知的发明（现有技术）。然后，将所申请的发明与检索到的现有技术进行比较。如果没有区别，则无法被授予专利。如果有区别，则有可能被授予专利。如果，就行业水平而言能够根据现有技术容易得到该区别时，则判断为该区别不具有使产业发展的价值，这种程度的区别无法被授予专利。

2018 年 5 月 25 日

评价预想之外的独创性

前面已经介绍了如果所申请的发明与审查中发现的申请前已知的发明（现有技术）相比具有区别，则有可能被授予专利。那么，具有什么样的区别才能被授予专利呢？

当所申请的发明相对于申请前的发明 A 具有区别 B 时，如果审查员判断该区别 B 为只是选择了最合适的材料或只是改变了形状的设计变化，或者简单的技术叠加，则认为没有改变申请前已知的发明构思，不会将其认定为区别。例如，为了不易损耗，选择钻石粉末代替锉刀上的磨石粉末；根据身体尺寸增加自行车的车把长度；将铅笔与橡皮做成套装等不会被认定为区别。

如果区别 B 与前述情况不同，则该区别有可能使发明得以授权。为了予以确认，审查员会尝试寻找申请前已知的现有技术 B。如果找不到现有技术 B，则会授予专利。

但是，当找到了现有技术 B 时，如果将 B 应用于 A 中为业界公知，或者将 A + C 中的 C 替换为现有技术 B 为业界公知，则认为能够容易地做出发明。例如，将汽车导航安装于自行车、将汽车发动机替换为电动马达等不会被认定为区别。

但即便审查员找到了现有技术 B，当将 B 应用于现有技术 A 为根据通常的行业水平无法预想的独创性设计时，则不会认为能够容易地做出发明。如果现有技术 A、B 要解决的技术问题不同、不存在将 B 用于现有技术 A 的技术启示，那么多数情况下即便存在现有技术 A、B，审查员也会认为发明是难以预想的。之前介绍的本章第 3 节 "'萝卜泥'也获得专利——创意转用的胜利" 就是一个例子。

当审查员在审查中对区别不予认可时，提交意见陈述书或修改权利要求来说服审查员正是专利代理师最重要的工作。

不予授权的例子：

① 将防止锉刀损耗的磨石粉末替换为钻石粉末；

② 根据身体尺寸增加自行车的车把长度；

③ 将铅笔与橡皮做成套装；

④ 将汽车发动机替换为电动马达。

2018 年 6 月 1 日

08 实用新型与发明专利的区别——有无审查

经常有人问我实用新型和发明专利之间的区别，二者都是保护技术思想的制度。说到实用新型，比较有名的是龟之子棕毛刷。多数人的理解是发明专利保护突出的发明，而实用新型保护不是很突出但也有用的创造（设计）。

二者的共同点在于都是在法律上利用自然法则的技术思想的创作，不同点在于发明是"突出的"，而实用新型是"无须突出"。话虽如此，值得注意的是，不管是实用新型还是发明专利，在实务中被认可的难度实质上是相同的。不过，与发明专利不同，实用新型仅限于涉及物品的形状、结构或其组合的设计。也就是说，像龟之子棕毛刷那样，实用新型的审查对象仅限于具有形状的物品，并不涉及制造方法、物质等。二者最大的区别在于实用新型只要中规中矩地申请，就可以不经实质审查而授权。而发明专利申请在递交之后要请求审查，审查合格才会被授予专利权。

为何会存在这样相似的制度呢？发明专利申请一旦通过了审查，就能获得专利权，不过审查需要耗费时间。即便是卖断货的热门产品，也有可能过了这个季节就卖不出去了。还有可能这边刚一上市，那边马上就出现了侵权产品。因此，如果申请的是发明专利，则在审查结果出来之前，无法采取有力措施禁止侵权产品销售。于是，为了能够应对这样的情况，作为实用新型，采用了无审查、快速授权的制度。

但是，在行使权利时，由于不知道无审查的实用新型的权利是否有效，因此需要预先由日本特许厅进行评估。最近，发明专利申请利用加快审查的话也能较快得到审查结果，因此可以通过发明专利申请来应对上述情况了。由此，无审查可授权的实用新型申请的优势变弱了，申请量也就减弱了。

2018 年 10 月 12 日

09 为了尽快授权——在国外获取专利

为了使发明受到专利保护，有必要在每个希望获得保护的国家或地区提交专利申请并使之获得授权。申请国的专利审查也是在每个国家或地区进行的。有些国家审查速度快，有些国家审查速度慢。有些国家审查质量高，有些国家审查质量低。对于在全球开展业务的企业而言，获取专利需要花费大量时间和金钱。例如，当制药企业等做出具有划时代意义的发明时，会在一百多个国家或地区提交专利申请来谋求授权。

因此，跨国企业心生不满，认为当前这样的专利制度极其不方便，各国专利管理机构则慌了手脚。从本质上来说，专利制度的实际运用反映了该国的产业政策。这是因为，在技术落后的国家中，来自发达国家的专利申请数量很多，一旦都授予专利，那么本国的产业将被发达国家企业的专利所束缚。即便是现在，发展中国家或地区的专利管理机构仍然是审查速度慢，而且授权困难。由此引发了人们对国际化的专利制度可能不再被利用的担忧。

于是，日本特许厅发出呼吁："哪怕仅在发达国家之间也好，通过互相协助审查来加快授权吧"，并建立了专利审查高速路（PPH）这一国际化机制。在该机制下，当在多个国家或地区提交某个专利申请并进入审查时，通过将某一国的审查结果运用于其他国家或地区的审查中，可节省重复审查的时间，促进其他国家或地区的审查进展。

例如，如果对日本的专利申请利用加快审查制度（使国外同族申请的相关审查能够加速进行的制度）在日本获得了专利，那么在其他国家或地区申请时，如果利用了 PPH，则其他国家或地区的审查员也会考虑该审查结果进行审查，因此能够尽快授权。该 PPH 是按照每个国家或地区的规定进行的，如今，采用 PPH 的国家或地区有 37 个（截至2015 年）。利用 PPH 能够在其他国家或地区尽快获得授权。

2018 年 11 月 9 日

10　首先在国内申请——利用向国外申请的补贴

对于打算向海外扩展业务的中小企业而言，在开展业务的各个国家或地区进行专利申请和商标申请，对保护本公司的知识产权并在该国或地区顺利开展业务是不可或缺的。

但是，由于需要负担高额费用，中小企业向国外申请相当困难，因此，国家和地方公共团体、日本贸易振兴机构（JETRO）等会为中小企业向国外申请提供补贴。关于在何时何地申请补贴，还是咨询专利事务所、知识产权综合支援窗口吧。如果能够获得国外申请的补贴，就能减轻中小企业的负担，这对中小企业可以说是特大利好。

为此，必须申请补贴。作为申请条件，必须制作说明文件以说明向国外进行申请的必要性、海外业务的可行性等。而且，还必须说明作为专利申请对象的发明获得专利的可能性（专利性）很高。

关于发明的专利性，有必要使用专利事务所等出具的检索报告来提供支持，不过还有更可靠的方式。首先，在国内进行申请，并对该申请请求加快审查（优先审查涉外申请的制度），尽快获得审查结果，加快审查最快半年就能出结果。如果审查员认可专利性，则审查结果会非常有利于获得补贴。

其次，有时可以先不进行国内申请，而以向多个国家或地区提交专利申请为前提提交国际专利申请（PCT 申请）。在提交国际专利申请的情况下，申请人在需要针对希望获得授权的国家或地区办理手续之前，会较早得到国际检索结果。如果检索结果认可了专利性，则该检索报告可以作为补贴申请资料，有助于获得补贴。当专利性未被认可时，如果放弃申请，则能够减少不必要的费用。

为了获得补贴，重要的是考虑程序和申请时间来作出良好的应对。

2018 年 11 月 30 日

11 根据技术不同采取不同的专利战略——专利越多越有利

专利对企业来说是获利的工具（手段）。以前是如果企业研发了一项出色的技术，则会得到世人的认可，通过专利垄断该技术，开展他人无法实施其发明的业务，由此获利；但是，最近根据技术领域不同，情况有所改变。

在药物研发和材料类技术领域中，如果功能和功效不好，专利是不起作用的。该领域的技术发明越出色，专利的价值就越高，一项药物研发发明的专利也可以称霸世界。

但是，在加工产品和服务领域，许多发明并非非此不可，这取决于用户的需求。用户的需求多种多样，比如说，有的用户觉得即便是相同产品，只要价格便宜、性能差不多就行；反之，有的用户觉得价格贵点但功能出色的产品才是好的，诸如此类，用户的需求不止一个。如今，加工产品和服务所需的大多数技术已研发出来，人们可以用不同的技术实现具有相同目的的各种产品和服务了。这样一来，在该领域中，即便通过一件专利保护了某项发明，如果其他公司能够通过与该发明不同但解决类似技术问题的完全不同的发明来提供产品和服务，则无法将其排除在外。

在该领域中，专利的力量是相对的，而不是绝对的。当其他公司提供类似的产品和服务时，由于获得了专利，其他公司无法提供与本公司完全相同的产品和服务，在这一点上专利是有利的。从这个意义上来说，只要有专利，则至少局部是有利的。而如果能用更多的专利来遏制其他公司，那么其他公司将无法提供类似的产品和服务，本公司在竞争中就会处于优势地位。这就是阵地争夺战。

在这种领域，持有专利越多就越有利，因此每家家电厂家每年都会申请几千件专利。例如，燃气设备厂家中排名第一的林内株式会社每年会针对燃气灶具产品申请超过 50 件专利。

2019 年 11 月 8 日

12 获得虚假的专利也是欺诈——当专利说谎时

虽然是第一次谈到这样的话题，不过专利有时候是会说谎的。我觉得大概迄今为止谁都没有提到过这样的话题，所以决定动笔写一下。

为了使专利得到认可，向专利管理机构申请时必须提交记载了发明内容的说明书。是否授予专利，要根据说明书中记载的内容进行审查。

说明书必须说明该技术领域中具有普通技术知识的人（本领域技术人员）能够以申请时的技术水平实施发明。如果不遵守该规定的话，则无法授予专利。因为专利制度是在作出并公开实施时会对世界有所贡献的发明的情况下，作为其公开的补偿可获得独占性权利的机制。

由于这一点涉及制度的根本，所以审查员会认真审查。但是，由于是书面审查，审查员并不会实际体验说明书中所写内容。只要在说明书中写了看上去冠冕堂皇的理由和试验数据，审查员也只能选择相信。由于所谓发明是在此之前不为人所知的，即便申请时没有从理论上解释明白，只要能够利用发明做到此前未能做到之事，发明就值得保护。也就是说，即便没有理论上的解释，如果能够证明发明可实施，该发明也会得到授权。

一旦有人通过撒谎来获取专利，那么专利制度便不再成立。在日本专利法中，通过欺诈行为获得专利的人会受到"处以3年以下有期徒刑或300万日元以下的罚款"的刑事处罚。

但是，行骗之人对刑事处罚并不在意。在我的专利代理师生涯中，见到过两三个说谎的专利。在这样的案件中，会有"我做出了一个划时代的发明，如果实施的话，会大赚一笔，请务必让我们一起做吧"这种类似于电话欺骗的话。当这种发明成功地欺骗了审查员而获得了专利时，或许我们都很容易被骗，还是多加注意吧。

2020年3月20日

13 诺贝尔奖、发明的族谱——下一个得奖的是环境改善

各种各样的发明也并非是完全独立的，在其产生之前就存在作为其产生前提的发明和发现。获得诺贝尔奖的吉野彰先生的锂离子电池发明也是如此。吉野彰先生说："我的发明是通过发展两位日本人前辈的理论和发明而做出的。"

其中之一是1981年（日本昭和五十六年）日本第一个获得诺贝尔

化学奖的福井谦一博士的"前线轨道理论",其提出了一种导电塑料可行性的理论。第二个是发展了该理论并在福井博士获奖 19 年之后的2000 年(日本平成十二年)获得诺贝尔化学奖的白川英树博士的"导电塑料"的发明。

吉野彰先生研究并改良了白川博士的发明,将其应用于理论上假设的锂离子电池中,对其负极材料进行了研发,并于 1995 年实现了一种轻巧不笨重的、能够投入实际应用的电池。在白川博士获奖 19 年后的2019 年,吉野彰先生通过该发明获得了诺贝尔化学奖。只有充分地领会之前的研究,才能产生下一个研发成果。

吉野彰先生说:"考虑到已经有 3 次日本人每 19 年获得诺贝尔化学奖,下个 19 年后的 2038 年,或许日本人还会获得诺贝尔化学奖。"他还预言下个获奖的主题可能是对地球环境改善作出贡献的技术或发明。

吉野彰先生是旭化成株式会社的技术人员,而非学者。由于并非学者,因此他的会议演讲、著作也很少,他本人说,可能是他 1985 年申请的发明(日本专利第 2727301 号)被评估而获得了诺贝尔化学奖。

通过专利能获得诺贝尔奖,这在知识产权界是一个划时代的事件。这个事情告诉我们,当作出了不仅是学术研究的成果,而且是通过专利改变世界的发明时,还可能获得诺贝尔奖。众所周知,诺贝尔奖是根据阿尔弗雷德·诺贝尔(Alfred Nobel)的遗嘱创立的,因为他通过炸药的发明获得了巨额财富。

2020 年 5 月 22 日

14 凭诺贝尔奖发明获赔 200 亿日元——员工的努力才是关键

2004 年(日本平成十六年),在获得了诺贝尔物理学奖的中村修二先生的蓝色发光二极管职务发明(在企业内做出的发明)一案中,法院判决企业支付给中村先生 200 亿日元作为其发明的对价,该案件引起了巨大反响。在该案中,法院认定该发明为公司带来了 1200 亿日元的利润。在之后的二审中，双方以 6 亿日元作为发明对价（加上迟延赔偿，总计约为 8.4 亿日元）达成了和解。

一审中发明的对价被认定为 200 亿日元，这令业界震惊不已。企业方面认为："存在被员工要求如此高额对价的风险的情况下，企业将无法在日本进行研发。海外企业也将不再进军日本，这不利于日本的产业发展。"由此导致了对法律的修改。于是，与日本著作权法一样，日本专利法也进行了修改，规定了职务发明从一开始就不属于员工所有，而是归企业拥有。

但是，职务发明的法律既然规定了是员工做出的发明，那么发明就属于做出该发明的员工，企业不能擅自从员工那里剥夺发明。德国也是这样。很少有国家将职务发明规定为从一开始就属于企业所有。

企业方面的观点是："由于在企业内做出的发明是使用企业的设备和资金来完成的，因此发明属于企业，而非员工。应该支付给员工的并非是发明的对价，而是对进行发明所做贡献的报酬。"日本专利法的修改体现了该意见。

该职务发明的法律也适用于大学等研究机构的研究人员。有关意见认为："将大学等的发明等同于企业的发明活动是不合理的。因此，沿袭原有的规定也没有问题。不过，支付的内容并非'对价'，而是'报酬'。"根据修改后的日本专利法，报酬还可以是待遇等经济利益，而不局限于金钱。

进行发明创造的是员工，如果员工不保持进行发明创造的动力，那么企业的发明也无从产生。所以这就需要员工努力付出，当然这一切取决于企业的态度。

2020 年 5 月 29 日

⑮ 好奇心驱使人——研发人员的积极性

即便是职务发明，由于发明人是员工，因此法律也保证了员工

"获得专利的权利"。另外，作为企业来讲，如果不能实施员工的发明也很为难，因此法律承认企业实施其发明的权利，进而允许企业提前向员工支付对价买下该发明。

通常来说，在提交申请时，企业从员工那里受让"可以获得专利的权利"，并以企业的名义进行申请。在申请时或授权阶段等时期，企业根据内部规定向员工支付一定的金额。也有企业会在实施员工的发明有利可图时，再向员工支付相应的金钱。如此一来，企业与员工的关系会比较融洽，但是一旦企业和员工出于各种原因而产生纠纷时，员工有时会在退休后声称"自己的发明并未收到足够的对价"从而与企业对簿公堂。自2000年（日本平成十二年）以来，此类诉讼频繁发生。之前介绍的中村先生一案便是典型案例。

研发人员积极地研发而孕育出优秀的技术和服务对企业来说是成长的动力，所以，创造一个环境，使研发人员能够保持发明创造的积极性尤为重要。

企业内研发人员的积极性因素有得到新的认知的乐趣、研发成果对社会作出贡献的期望、职场的人际关系等内部因素，以及研发成功的报酬和待遇的提高、研发环境等外部因素。根据某项调查，作为研发人员的积极性因素，内部因素比外部因素的作用更大。与金钱相比好奇心似乎更能驱使人，但是，金钱也是不可或缺的吧。另外，有报告称，职场的人际关系对女性的影响要大于男性。

2020年6月5日

16 所见之物会说话——让人产生购买意愿的妙方

商品与各种各样的知识产权有关。例如，拿水果中的桃子来说，如果获得了某个品种登记，就不能随意栽培该品种的桃子。桃子的栽培方法的发明可以获得发明专利。作为桃子的品牌，可以像"伊达蜜桃"❶那样注册商标。并且，销售该桃子的箱子的结构和设计可以申请实用新型/外观设计专利。此外，销售用的传单、海报的图画、照片、宣传标语都有版权。即便只举出水果中的桃子这一个例子，也能知道商品与各种各样的知识产权有关。

不过，即便作为商品的桃子品种优异、美味可口或是栽培方法独树一帜，购买桃子的人也不会马上了解，吃完之后才会知道它的美味。在桃子的品牌很有名的情况下，品牌效应会激发购买者的购买意愿，但是在购买者因品牌购买桃子之前，提升品牌效应相当困难。

由于出售桃子的箱子的设计、宣传广告的传单、海报等会直接吸引购买者，因此这些宣传有可能成为购买者产生购买意愿的妙方。购买者首先是看到这些宣传后会加以留意，然后是产生看看牌子想想要不要买的想法，最终决定品尝一下再购买。这样从商品销售的角度来看知识产权的话，就能知晓知识产权的优先顺序。因此，在策划商品推广时，有必要从知识产权角度出发进行思考。

在智能手机市场中，比较著名的案例是美国的苹果和韩国的三星电子在世界范围内进行专利战，争夺世界市场霸权。主战场是专利之争，但决战演变成了智能手机设计的外观设计专利权侵权之争。三星电子表示，2015 年（日本平成二十七年）向苹果支付 54800 万美元（约合 657 亿日元）的赔偿金。之后双方仍纠纷不断，2018 年达成了和解，和解条件没有公开。

韩国举国推进设计战略，韩国产品的设计已经变得让人刮目相看。

2018 年 2 月 2 日

将突出功能置于正面

戴森的吸尘器是通过增强小型电动机的功能而实现的新型吸尘器。

---

❶ "伊达蜜桃"为日本福岛县的知名水果品牌，经由日本福岛品牌认证制度委员会经过严格筛选考察进而认定为福岛县品牌认证产品。

它的功能是利用了旋风（使混有垃圾的吸入气体呈旋涡状地旋转来将垃圾和空气分离的方式），采用的设计是可以看到被吸走的垃圾从外面旋转并被收集起来的样子，该设计极其新颖因而受到了人们的关注。"旋风"技术本身是以往已在吸尘器中使用的众所周知的技术。

即便厂家向消费者说明其吸尘器是具有新功能的新型吸尘器，也很难在消费者中间传播开来。因此，将该新功能设计成可视化以使消费者理解的战略便应运而生。后续这种类型的吸尘器均采用了这样的设计。

戴森的吸尘器设计成了前所未有的全新外观，使消费者一眼就能与其他公司的吸尘器区别开来。迄今为止的吸尘器的外形总的来说都是类似的，由带有滚轮的吸尘器主体和在前端具有与吸尘器主体相连的吸入口的软管构成。戴森的吸尘器外观使人耳目一新，据说戴森的吸尘器由此大卖特卖。此所谓"所见之物"会说话。

吸尘器是很早就有的一种与日用品相近的工具。各个公司的吸尘器无论是结构还是功能都没有太大差别，只是根据吸入量不同价格有所不同，是一种很难区分的产品。在此类商品中，像戴森吸尘器这样的创新性挑战便是创建新产品市场的一个很好的案例。将出色的功能可视化，通过外观的设计吸引消费者的战略是巧妙利用知识产权的做法。而且，该案例给了我们启发，即便是已经成熟的商品市场，也有办法突破（打开）。

2018 年 2 月 9 日

通过申请外观设计来防止模仿

戴森的吸尘器改变了现有的吸尘器世界，这种外观上的设计通过申请外观设计专利可以防止他人擅自模仿（外观设计第 1434678 号）。

说到设计，不仅指吸尘器等产品的形状，有时也指在布料上描绘的图案、烟花的形状等。但是，简单来说，外观设计专利只保护可以再生产出同样产品，且产品可以单独交易的设计，也就是工业产品的设计。插花和烟花每次都会改变形状，无法再生产，所以无法获得外观设计专利。

经常有人问杯子的表面上绘制的图案能申请外观设计专利吗？仅图案是不能申请外观设计专利的。如果是绘制有图案的杯子，那么由于杯子是可以再生产出同样产品的，因此可以申请外观设计专利。

但是在这种情况下，即便图案相同，一旦杯子的形状不同，即为不同的外观设计，需要分别申请外观设计专利。因此，在特征不在于杯子的形状，而在于杯子上绘制的图案的情况下，作为杯子上绘制的图案可以申请外观设计专利，这就是局部外观设计制度。当不希望他人模仿工业产品的局部外观而非整体外观的特征时，可以利用该局部外观设计制度。

一旦获得了外观设计专利，不光是与外观设计专利相同的设计，与之相似的外观设计也都能禁止他人擅自模仿。与外观设计专利是否相同，这是任何人都能分辨清楚的，但是对于与外观设计专利相似的设计，则很难知晓相似到什么程度会被禁止。

因此，通过获得与外观设计专利相似的外观设计专利，不仅可以保护与外观设计专利相同的设计，还可以将与之相似的设计可视化来予以保护，这就是关联外观设计制度。

为了防止本公司产品的设计被略加改动地模仿，富有前瞻性地、战略性地申请关联外观设计专利即为知识产权战略。

2018 年 2 月 16 日

⑰ 以设计进行经营——引入产业感

上一节我们介绍了"所见之物会说话"这一视点。如今，"设计经营"（Design Operation）也引起了知识产权界的关注。2012 年（日本平成二十四年），美国的 IBM 公司在全球聘用了 1000 多名设计师，并建立了 23 个设计工作室。

2018 年（日本平成三十年）5 月，日本经济产业省和特许厅发表了设计经营宣言。这是日本 15 年来的第一个政策建言。设计经营的定义是将设计作为提高企业价值的重要经营资源来利用的经营，目标是通过有助于建立品牌（信用）和创新（技术创新）的设计作出有助于经营的设计。

为了支持这一宣言，有人提议改革外观设计制度。为此，引发了各种各样的讨论，比如要改革现在的外观设计制度（设计保护），只是稍加改变是没有意义的。

该政策建言的切入点为以下两点：①眼睛所见之物（设计）具有直接打动人的力量，通过该力量给人带来喜悦和满足的同时，作为一种使人理解商品/服务的好处和优点（品牌）或商品/服务的前所未有的价值（创新）的手段是有效的；②如果设计是有效的，通过以接受设计的人（用户）的感受为中心进行考虑，可以看到与以往不同的技术问题，并能以可视化的方式创建不受传统思想约束的切实可行的解决方案。据说，在互联网社会中人与人的接触变少的当今世界，可视化是创造新价值的起点。

可视化将人们联系在一起。这是一种新的思维方式，在以往追求美感的设计中，引入了具有品牌和创新价值的产业感。

2019 年 2 月 1 日

18 品牌是创造出来的——战略务必坚决

豆腐品牌"男前豆腐"是京都府南丹县的男前豆腐店株式会社（以下简称"男前豆腐店"）于 2005 年（日本平成十七年）创立的。当时，30 名左右的员工实现了 30 亿日元的销售额，一时传为佳话。豆腐和纳豆等的市场很相似，很多消费者并不是特别在意味道来决定购买哪个厂家的商品，而是倾向于看价格来购买。"男前豆腐"就是男前豆腐想从这样价格竞争激烈的市场中摆脱出来而研发的商品。

不管怎么说，男前豆腐店之所以获得成功，可以说其凭借外观上的设计吸引消费者的战略功不可没。凭借"风中凌乱的豆腐店乔尼"等命名，以新奇的形状区别于其他公司产品的包装设计，实现了现有豆腐所不具备的柔软和甘甜的品质而力压其他公司的产品。

更厉害的是，男前豆腐店在价格、流通、宣传等方面也坚决地执行了品牌战略。在价格方面，为了不卷入当前的价格竞争，每包豆腐定价200～300日元；在流通方面，新商品的销售没有选在豆腐需求增加的旺季的夏天，而是选在非旺季的时候开始销售。目的是在摆放传统商品的货架上以醒目的方式发布新商品。因为是有影响力的商品，所以在店面陈列本身就是一种宣传。

为了增加作为目标人群的年轻顾客，男前豆腐店制作了简直不像是豆腐店的新颖主页，使人物登场展开故事等，也努力在网络上制造话题。网络的信息传递变成了快速而强大的宣传广告，当在博客上被多次介绍时，其知名度便急剧上升。

这就是利用知识产权自己创造品牌的一个案例。男前豆腐店通过注册商标保护命名，通过申请外观设计专利保护包装的设计，通过发明专利保护装豆腐的容器的除水技术，成功地阻止了其他公司的效仿，从而席卷了市场。

2017 年 9 月 29 日

⑲ "浪江炒面" 注册为商标——可以进行破例注册

福岛县浪江町的代表料理"浪江炒面"（なみえ焼そば）在当地美食家举办的城镇振兴祭典暨第八届"B–1 大奖赛"上获得了金奖而闻名全国。

大约 50 年前，"浪江炒面太国"❶ 就在其主页上如此介绍极粗面条"浪江炒面"的魅力和定义："为了给劳动者提供良好的口感和饱腹感

---

❶ 参见 https：//retty. me/area/PRE07/ARE163/SUB35102/100000762102/.

而研制的面条。其特点是约为普通面条 3 倍的粗面、美味可口的浓郁酱汁、只有猪肉和豆芽的简单配料。"浪江炒面太国是在东日本大地震之前，以浪江町的商工会青年部的人们为中心，兼具城镇振兴为己任，欲将"浪江炒面"打造成地域品牌而成立的一个团体。

不过，"浪江炒面"出名之后，出现了一些人，他们在和浪江町完全没有关系、和"浪江炒面"独特的粗面酱汁炒面也完全不同的再普通不过的炒面上，擅自使用"浪江炒面"这一名字来做生意。如此一来，人们就不知道"浪江炒面"为何物了。为了防止他人擅自使用"浪江炒面"的品牌，需要进行商标注册。如果有了商标权，就可以禁止他人使用。但是，"浪江炒面"的"浪江"是城镇名，"炒面"是普通的料理名。由于城镇的名字和普通的料理名等应该是任何人都可以使用的，所以按照商标法是无法注册商标的，这就产生了一个困境。

在这种情况下，有一种注册制度，可以将商标破例认可为"地域团体商标"。在福岛县，"南乡西红柿""土汤温泉""大堀相马烧""会津味噌"❶"会津田岛芦笋""会津山盐"等商标已被注册。在东日本大地震之后，"浪江炒面"由浪江町的相关人士委托，并在日本商标协会的大力支持下，2017 年（日本平成二十九年）3 月获准注册。今后，就可以禁止他人擅自使用其名称了。

2018 年 3 月 2 日

⑳ "喜多方拉面"未能注册——被认为是"料理名"

"喜多方拉面"是福岛县喜多方市的拉面，在全国也很有名。

不仅在喜多方市内，在全国各地也有很多喜多方拉面店。于是，由喜多方市的拉面店成立的"藏之町喜多方老面会"行会❷打算注册"喜

---

❶ 一种调味料，又称面豉酱，是以黄豆为主原料，加入盐及不同的种麹发酵而成。在日本，味噌是最受欢迎的调味料，它既可以做成汤品，又能与肉类烹煮成菜，还能做成火锅的汤底。

❷ 日文原文为"協同組合"，此处翻译为"行会"。

多方拉面"的地域团体商标，但是日本特许厅❶不予认可。对此，藏之町喜多方老面会行会从日本特许厅复审一直打到知识产权高级法院和最高法院，但其主张未被认可，藏之町喜多方老面会行会已确定败诉[平成二十一年（行ケ）第 10433 号行政诉讼案件]。

目前，以"拉面"这一名称成功注册的地域团体商标有"和歌山拉面""米泽拉面"等，但是对于"喜多方拉面"❷，知识产权高级法院的判决指出："'喜多方拉面'的名称作为仅属于原告行会及其加盟店的商品名称、并不能说其拥护有广泛的知名度"，"喜多方市内加盟行会的拉面店不到半数，全国知名的有实力的店并未加盟"。

总之，知识产权高级法院的观点是：由于喜多方拉面并非被公认为只属于该行会，所以如果只对行会批准商标注册，让行会独占其使用权的话，其他人就不能使用"喜多方拉面"的名称了，因此不能认可该商标注册。如果想要注册的话，需要该地区的人们统一起来。

虽然"喜多方拉面"是喜多方市拉面店的人们付出心血后知名的，但是行会之外也有人在用"喜多方拉面"的名称做生意。因此"喜多方拉面"只是喜多方市这一地区料理的名字，而作为行会的品牌则并未被世人所认可。

另外，还有一些例子，例如像"订书机""自动扶梯""外郎❸"等，本来是特定企业的商品的注册商标，但由于管理不善，被很多人使用，最后仅作为商品的名称被人们所认知了。

2018 年 3 月 9 日

---

❶ 日本专利局也审商标。

❷ 参见 https：//pixta.jp/checkout/complete？ order_id = P - 005f 5616cf - 001c 6173 - 246.

❸ 一种米粉糕。

21 "招福卷"注册商标——权利因普通名称而失效

一到季节的节分❶，日本的超市等地方会销售名为"招福卷"❷ 的寿司卷。"招福卷"是一家从江户时代延续至今的寿司店于 1988 年（日本昭和六十三年）以"招福卷"进行了商标注册（商标注册第 2033007 号）的商品。

2006 年（日本平成十八年）和 2007 年的节分，佳世客（JUSCO）❸ 超市都会在包装上标注"十二单招福卷"的商品名来销售节分用的卷寿司，并使用印有"十二单招福卷"的海报和传单进行宣传。

看到佳世客这样的举动，作为商标权人的寿司店（原告）以商标侵权为由起诉了经营佳世客的永旺株式会社（被告）。大阪高级法院确认了以下事实：在佳世客使用"招福卷"的名称之前的 2004 年，在全国开设连锁店的大荣❹就已经开始在节分用的寿司卷上使用过该名称了；2005 年，名为"招福卷"的卷寿司在全国的超市广泛销售；原告向被告发出商标侵权警告是在佳世客于 2006 年、2007 年的节分使用了"十二单招福卷"的名称之后。

然后，法院作出如下判决："最晚在平成十七年（2005 年）左右，'招福卷'的名称部分开始被认为是普通商品的名称（称为'普通名称'）。原告发出警告的时候，'招福卷'作为商品的普通名称已被消费者所理解。这样被理解为普通名称的'招福卷'的名称是谁都可以使用的，所以被告的行为不构成商标权侵权。"

该案例告诉我们，即便有注册商标的商标权在手，如果不禁止他人擅自使用注册商标的话，该注册商标就会变成"普通名称"，其权利就

❶ 节分指立春、立夏、立秋、立冬的前一天。
❷ 参见 https：//pixta. jp/.
❸ 日本著名的连锁零售集团，在中国、泰国等地开设有百货公司及超级市场，隶属于日本永旺集团。
❹ 日本大型超市。

会失效。在该案例中应该注意的是，2004 年到 2005 年这两年左右的极短时间内"招福卷"这一名称便成了"普通名称"（大阪高级法院平成二十年（ネ）第 2836 号）。为了避免发生这样的情况，商家必须监控市场，迅速采取警告等措施。

2018 年 3 月 16 日

"八丁味噌"之争——执着产生对立

2017 年（日本平成二十九年）12 月，"八丁味噌"❶成功注册为地理标志（GI 标志，Geographical Indication）。不过，2018 年 3 月，一个由该地区两家老字号企业组成的行会根据日本行政不服审查法对此提出异议，并进行了争辩。

地理标志制度是对具有地域传统和特性的农林水产品和食品，将质量等特性与产地相结合，将能够确定该结合的名称（地名＋产品名）作为该地区的知识产权加以保护。

该制度是国家针对不具有已注册的地理标志的质量标准的仿制品等，禁止其随意使用地理标志的制度。国家会命令删除或撤销不正当的标志，如不服从则会受到惩罚。由此，国家保证了地区产品的质量，使只有一定质量的产品在市场上流通，保护了生产者和消费者的利益。

"八丁味噌"之争的始末是：两家老字号企业组成的行会提交了注册申请，但其列举的特性条件过于苛刻而未被认可。撤回申请之后，爱知县行会以宽松条件进行申请并注册成功，因此两家老字号企业组成的行会提出了异议。两家老字号认为八丁味噌的制作手法、熟化方式等比日本农林水产省❷认可的标准更严格，并且实施上述做法的行会只有他们自己。他们认为如果不这么严格的话，就会失去自己一直以来守护着

---

❶ 参见 https：//pixta. jp/checkout/complete？ order_id＝P－005f 5616cf－001c 6173－246.

❷ 日本农林水产省简称农水省，隶属日本中央省厅，主管农业、林业、水产行业行政事务，相当于中国的农业农村部。

的八丁味噌的传统。这是对八丁味噌的一种执着吧。

日本农林水产省要求两家老字号接受爱知县行会的标准，作为 GI 标志的使用团体进行注册，并作出了同样的内阁会议决定，非常郑重其事。如此一来，为了保护地区的传统产品而制定的制度却成为纠纷的源头，真是让人感到讽刺。

一方面有严格遵守传统的流派（包括两家老字号在内的冈崎市的行会），另一方面又有一边灵活利用传统一边推广新的制作手法等的流派（爱知县行会），如此便产生了类似于上述争议的情况。其他地方也处处可见类似的问题。

2018 年 7 月 13 日

23 品牌创立的要领——商品和服务是关键

说起品牌，人们就会想起爱马仕、路易威登等高级皮包。说起羊羹，也会想到像"虎屋"这样的老字号品牌。

所谓创立品牌，就是为了区别于其他商品和服务而标注的标志和命名，并且广为人知，看到标志和命名，人们就能心甘情愿地购买并使用该公司的商品和服务。我们将这种把本公司的商品和服务与其他公司的商品和服务区别开来的标志和命名称为商标。

像"丰田""亚马逊"这样的商标经使用而变得知名，所以在看到有别于其他公司的特点的时候，再看看"丰田""亚马逊"的商标，就会觉得这些品牌商标起到了一种品质保证的作用。另外，该品质保证作用还具有广告宣传的功效，让人们一看到"丰田""亚马逊"的商标，就会期待这些商标所代表的优秀商品或者良好的服务，从而来吸引用户。因此，创立品牌是获得社会认可所不可或缺的。

要想创立品牌，首先必须想办法让别人知道其商标，需要像男前豆腐店株式会社那样努力凭借新奇的命名和宣传广告来广泛使用其商标。

即便商标广为人知，顾客关注该品牌并购买了一次后，如果商品和服务的质量和内容不好，就不能再次获得光顾。归根结底，商品或服务的优劣在品牌创立方面也是关键。如果商品或服务的质量得到认可，公司就可以凭借努力使用顾客知晓的商标来吸引顾客再次购买。该循环使商标出名，并进一步扩大了需求。所谓创立品牌，就是创建这样的循环。对于这样塑造出来的商标，为了防止他人来搭品牌的便车进行商业活动，需要进行商标注册。

2018 年 8 月 31 日

决定性因素是命名

商品和服务的命名至关重要，因为这是使顾客了解商品和服务以及看到命名后购买商品和服务的决定性因素。

特别是对于日用品和食品等，一个易于一般人理解和知晓的、将商品与形象联系起来的命名是很有效的，因此需要在命名上花费心思。

鲜虾仙贝的"えびせん"（虾仙）（卡乐比株式会社）、带线的牙签"糸ようじ"（线牙签）、贴在额头上降温的"熱さまシート"（热敷帖）、为了改善喉咙的疼痛/肿胀/干燥而涂抹在喉咙上的（止痛）药"のどぬ～る"（润喉宝）（以上为小林制药株式会社产品）等，都有一个将商品形象直接诉诸买方的命名。仔细观察这些例子，会发现命名是需要花费心思的。

如果将"虾仙"改成"虾仙贝"，就会将材料"虾"和商品名称"仙贝"直接表示出来，那么由于这些一般性的材料和商品名称是任何人都可以使用的，因此，将不能注册为独占性质的商标。于是，卡乐比株式会社将"虾"和"仙贝"的简称"仙"结合起来，设法暗示性地使人们理解"虾仙贝"，并将其注册为公司的商标"虾仙"（日本商标注册第 4243654 号）。

但是，也有像"眼镜超市"（日本商标注册第 2316342 号）这样的命名被认可的例子，日本特许厅最初也认为该命名只不过是表示"眼镜的超级市场"等，但该命名凭借其多年的使用得到了认可，最终成功注册了商标。

另外，作为其他方法，像 iMac、iPad、iPhone、iTunes 那样，通过使用类似于"i×× "这样具有共同部分的命名，让人容易理解这些都是表示苹果的商品和服务的命名。比起完全零散地进行命名，这种方法可以集中吸引顾客的注意，广告效果也很好，非常奏效。

现在，商标也不仅仅是图形的标志和命名，例如"可口可乐瓶的形状"等立体商标、"7 – 11"的招牌和商品中使用的"白/橙/绿/红"组合的颜色商标、"喂，茶"等声音商标、"动作商标"等均可以注册商标了。

2018 年 9 月 7 日

第 **5** 章
关于知识产权的一些想法

　　如果持续观察知识产权动向的话，人们会意外地发现，自己可以轻松看清世界的诸多变化。这是因为在知识产权的世界里，很多时候都围绕"从未有过的新生事物"来进行探讨的。正因为如此，我们才能更容易窥见世界发展的先机。

　　随着模拟匹配技术的发展，日本从那个被讴歌为"日本第一"（傅高义，Ezra Feivel Vogel，1979—2020 年）的年代，到后来被凭借数字化产业发展起来的中国、韩国赶超代替，再到现如今 GAFA 四巨头（谷歌/Google、苹果/Apple、脸书/Facebook、亚马逊/Amazon）强大的互联网平台公司席卷全球经济，日本不得不面对如何重建自己已经落后了的商业平台。

　　如今，随着大数据、人工智能（AI）、物联网（IoT）的发展，第四次工业革命正在不断向前推进，诞生了很多以前未曾有过的新生事物。这意味着我们正处于一个非常有趣的时代。比如，当我们看到"狮子座流星雨"之后就"想看流星"，于是就诞生了利用人造卫星来发射人造流星的探索家。也许在不久的将来，我们能亲眼见证这一美好瞬间的实现。所以，对于年轻人来说，请一定珍惜在这个有趣的时代下你所经历的一切，请一定要去探索发现有趣的事物，创造有趣的东西，并乐在其中。不管是体育、音乐还是游戏，无论什么都好，一定要学会去发现，并想方设法使其变得更加有趣。当然，创造有趣的东西，无论这件事情本身有多么辛苦，都要坚持下来。这样一来，你们每天都将会过得非常愉快，然后在未来的某个时间点，也许就能邂逅前所未有的新发现，而那里便孕育着令人惊喜的知识产权。

知识产权是利用人类智慧创造的价值。知识产权包含人类财产的多个领域，比如人们在艺术领域创造出的美术、音乐，在学术研究领域提出的发现和理论，在业务拓展中开辟的商业模式等。这些价值不仅满足个人的需求，对整个社会也有相应的经济价值。曾有人提出知识产权的价值不仅是经济层面的价值，我非常赞同这一说法，比如就像小说和电视剧能带给人们感动，带来勇气，帮助大家恢复自信一样，这是超出经济价值的东西。但知识产权所带来的影响不仅仅局限于电视剧、书刊报纸等产业，随着其经济价值的不断增强，知识产权已经成为可以左右国家经济产业发展的重要因素。因此，知识产权已经被看作是国家战略的一个组成部分，引发了国与国之间的竞争。（时任）美国总统特朗普曾高调声称中国"盗取了"美国的知识产权，由此可见，知识产权已经成为中美经贸博弈中的一部分。

诱导旺多能干细胞（iPS 细胞）技术的诞生拓宽了再生医学的世界，人们可以期待利用这项技术克服一些此前被定义为不治之症的疾病。优秀的绘画、小说、音乐作品可以丰富人们的心灵世界。而人类这些创造性的"行为活动"，使人们即便处于政治经济动荡不安的时代环境下，仍然能看到希望，收获欢喜。这就是人类智慧的力量，从这种力量中诞生了"知识"的"财产"，而"知识"也就变成了一种宝贵的"财产"（财富）。

以专利制度为代表的知识产权制度，是今后保护人类知识产权，促进经济及文化发展，丰富人类生活的不可或缺的制度。这项制度保护并支持了研发新生事物的人，刺激了创造性活动的发展。我们必须尊重给世界带来好的东西、美的东西的创造者，必须使这些让人类世界更丰富多彩的人们得到相应的回报。拼尽全力想出的东西如果被他人不付出任何代价便任意取用的话，恐怕以后谁也不会再有创新的想法了。只有合理保护创新成果，才更能促进新想法、新技术的诞生。当然，只有知识产权是不能促进世界发展的，不好好利用知识产权，世界绝对是无法进步的。知识产权之所以备受关注，是因为根据知识产权不同的活用方法可以有不同的收获。

目前，由于新型冠状病毒肺炎疫情的蔓延，减少外出、远离"三密"（密闭、密集、密切接触）等因素限制了经济活动的展开，经济发展停滞使人们感到非常不安。为减少死亡人数，恢复世界经济，首先必须终止疫情，改变这一状况。但是现在看来，这一状况并不容易改善。突如其来的疫情改变了世界的存在方式，而我们必须适应这样的变化。现在正是考虑各种新方案的机会。如若从人类天性出发，彼此不能相互接触和交流的话，那人类的生存和发展是无法延续的。这就需要我们冷静认真地去思考，到底容许多大程度的非接触以及多大程度的接触。由此便诞生了一批新的商业模式，比如高级餐厅的主厨利用餐车提供外卖服务，小饭店利用报纸投递员进行外卖配送等。

在第四次工业革命中，日本的大企业正在竭尽全力寻找开发新的事业版图，它们频繁地通过并购（M&A）进行事业的选择和集中，并投资包围有潜力的新兴企业。回顾日本历史上的几次投资热潮，第一次因为石油危机而结束，第二次由于广场协议引发的日元升值带来的经济下滑而告终，第三次则是因为互联网泡沫的崩溃而完结，那现在的第四次投资热潮会不会因为新冠疫情而走向终点？志向高远的青年创业者积极果敢地向新事业发起挑战，非常不易地在日本掀起了创新潮流，所以，我们一定不能错失这次良机。

另外，日本正在经历人口减少、少子化和老龄化程度加剧的过程。特别是地方的年轻人正在大规模地涌入大城市。在这种情况下，人们希望在全国各个地方诞生一批能够吸引年轻人大显身手的产业和事业，创造出岗位需求，这样就可以把一部分年轻人留在地方生活。知识产权像一束光一样，大家期待其能够成为重振地方经济的引爆剂。当然，我在书中也提到了一些反对观点，如考虑区域振兴时，应以相较于东京而言，人力、物力、资金、信息极度匮乏，农业用地少，农业生产率不高，缺乏经济优势的客观情况为思考的前提；当今经济体系的基础是"规模经济"，人力、物力、资金、信息集中在人口多的地区、人口多的国家、享有资源的国家，无一例外；区域振兴的关键点在于，打破"规模经济、批量生产、批量销售、批量消费"这一结构框架……

支撑地方经济发展的中小企业要想提高生产力和企业经营水平，就必须将自身的优势即知识产权作可视化处理，并将其战略性地应用在特色产品、服务的开发及全球化发展上，将原有的商业模式转变为高附加值的商业模式。

那地方发展的突破点在哪呢？我认为是在地方上建立运用知识产权的全球化的利基（大企业不容易进入的领域中的龙头企业）企业群。举例来说，日本电产株式会社在马达（发动机）特别是精密小型、中型发动机的世界市场占有率稳居第一，其是由包含社长在内的三人1973 年（日本昭和四十八年）在京都创立的，到 2020 年 3 月已经发展成为拥有 15000 亿日元销售额、12 家关联子公司的大型全球化企业。

从一开始，我介绍了一般社团法人"磐城电池谷推进机构"对以新一代产业关键设备的锂离子电池为核心的各种事业开展支援、实施活动。其目的是将以磐城市为中心的周边地区作为电池相关产业的重要基地被认知。实现产业集聚，通过所有市民巧妙地使用电池，从而使本地的可再生能源能够自产自销，实现能源分散型社会。我十分期待在这样的地区开展以实现创造性事业集聚为目标的活动。

为此，要集结充分了解该地方的民间力量，地方政府要调整思路，积极为地方经济的转型出谋划策；地方的媒体要努力把当地丰富的信息传递给外界；地方产业组织也要献言献策，提出自己的发展课题……只有所有人积极行动起来，知识产权才能成为改变地方发展的一股强劲力量。

不过，现如今的问题是，我们应该形成一套怎样的机制来帮助这些在地方创业、成长起来的企业，使它们具有竞争力的商品和服务能够在知识产权方面得到保护，并且加速它们事业的发展。为此，已经有一批专家在进行相关的帮扶工作了。但是，目前地方上缺乏能够把这些专家和帮扶工作统筹管理的组织。

我们来看一下解决方法。一个是在地方施行"超级城市（super city）法案"。该法案通过人工智能和大数据将生活全方面智能化，以期打造未来城市。为此，地方自治体和民间必须紧密团结为一体。在行政机构资源不足的时候，就需要由其他地方的专家成立"地方智库"来为行政机构出谋划策，为地方培育相应人才。这就需要由各个地方自己来思考各自的解决方法。

另一个办法则是利用日本领先世界的先进技术，将这些技术转化为先进的商业模式并出口至其他国家。此处需要注意的是，出口的是商业模式而不是单纯的技术。无人机领域的 Terra Drone 株式会社（东京涩谷区）提出，其公司是在日本在无人机领域领先全球并全面参与了全球竞争的时代背景下创立的，其志在成为新市场中的领导力量，以期证明日本新兴企业可以通行全球。我们可以从全球视野来看无人机的应用情况。比如，各国都有对石油、天然气储存罐的检查和维护的业务，旧的模式下，这一业务效率低且缺乏安全性。如果在这一业务中导入无人机技术，那么整个业务模式将有极大的改善。Terra Drone 株式会社正是意识到了这一点，并向全球该领域的企业大力推广，无数次解释导入无人机的必要性，最终获得了合作伙伴的认可，实现了新模式的应用。如果能在其他国家发现可以应用本国领先技术，实现商业模式的出口，也就诞生了新的市场。我们可以期待未来日本会有更多这样的尝试。

我们再来看看出生于日本泡沫经济崩溃的20世纪90年代后半期到2010年"Z世代"（Generation Z；Gen‐Z），也称为是接触计算机的"数字原生代"（Digital Native），一方面，他们在少子化的情况下更加注重个人的隐私保护，并且善于在网上进行大量的音乐消费；另一方面，他们在信息化社会里，又有着衡量事物的价值应该看本质而不是品牌、更倾向于在网上与人交流、拥有强烈的创业者精神等特质。因为我最近经常在大学授课，所以有机会接触很多学生。我发现，他们与以往的学生不同，这是一群能够接受现实，而后会去认真思考自己应该怎样做的年轻人。即使是大企业，未来发展也未必一帆风顺，第四次工业革命会带给世界怎样的变化仍未可知，因此，越来越多的学生认为必须专注当下，从现实中寻找生存发展之道。我们可以期待通过这种不拘泥于过去的态度引领日本突破目前发展中面临的困境。

我在 2016 年日本出版的《知财笔记——在 40 年的潮流中》一书中曾经写道，我由衷地希望日本能够重新成为那个活力满满、充满梦想的国家。事实证明，知识产权已经改变了我们的世界，而且仍然有改变世界的力量。希望我们能用灵活运用知识产权，开启下一个时代。

第 *6* 章
与中国的故交之情

一、初识中国

1986 年春天，日本的年轻专利代理师们提议要去访问中国，去看看在 1985 年中国刚开始实施的专利法制度。于是十几名 40 来岁的青年专利代理师们便聚集在了一起，我便是其中一员。当时，日本知识产权人士访问中国的并不多，也没有一个可以便捷往来的环境，我们是通过中国驻日大使馆的熟人介绍才得以实现那次行程的。正是这次契机，成为今后我与中国长达 30 多年交流的起点。彼时，中国正值全面推进改革开放的经济转折时期。

由于机会过于难得，既然决定要去，就不应该仅限于知识产权领域，而是要借此机会看看中国全方位的实际情况。所以在我们计划的访问对象里，除了中国专利局，还有法院、学校、工厂、寺庙以及当时著名的"万元户"等。

就这样，我们来到了访问中国的第一站——北京。记得当时安排我们入住的是一家新的酒店，但办理入住的时候才发现这家酒店尚未完工，电梯也没有建好，最后大家只好自己爬楼梯，搬运行李。从酒店去往天安门广场路上（正值上班高峰期）能看到很多穿着黑色制服的人在宽阔的道路上骑行，这就是大家常说的"自行车王国"——中国吧。

当时迎接我们的是一名中国共产党的干部、中国国际贸易促进委员会（CCPIT）专利代理处的魏启学先生和于春生先生。魏先生曾在日本研修期间，学习过日本的商标制度和专利制度，为中国知识产权制度的确立作出了很大贡献。于先生毕业于北京大学法律系专业，当时和魏先生共同就职于 CCPIT。这三位先生陪伴我们从北京一路到上海、杭州、广州，直到我们去香港时才分开。后来，魏先生和于先生二人都成为律师，至今都和日本知识产权界有着密切的交往。

现在回想起来，当年在中国所见的一切都是规模宏伟的，还记得第一次看到紫禁城、天安门广场和万里长城时的那份震撼。不过当时刚刚成立的中国专利局应该是在一个临时的地方办公，办公室里堆积着很多相关文件。我们还拜访了法院，并提了一些关于中国的立法制度、司法解释效力等方面的问题。

离开北京后，我们去了上海、杭州以及广州。辗转于中国这几座最具代表性的大城市，我们有幸参观了地方的小学教育机构，深入到当时最先进的纺织工厂，也参观了各地寺庙建筑等文化设施，甚至还走访了一些当年红极一时的"万元户"家庭。最后离开广州，我们还去了香港，访问了非常现代化的港专专利事务所（现中国专利代理（香港）有限公司）……

这便是我人生中的第一次访华之行。通过这次访华，我们了解到，那个时期的中国正处于改革开放的初期，专利制度本身尚不完善，专利代理师制度也很不成熟，其本身可能尚不能应对国际化的专利申请。但是，即便如此，让我们感动的是，中国大地上的人民对这个国家，对于自己的未来充满了期待。之后的十几年时间里，中国更是完全超乎了我们的想象，到 2011 年，中国一跃成为世界专利申请量最多的国家。

那个年代，中国和日本之间的交流一片赤诚。面对中国刚刚起步的知识产权制度，日本的一些有志之士主动请缨，接收了一批中国留学生，旨在将他们培养成未来中国知识产权方面的专家。遗憾的是，可能是因为当年中国知识产权制度发展速度缓慢，这批留学生回国之后并未全部从事知识产权相关的工作。现在想来，这也是无奈之举。

但是，大家助中国知识产权制度一臂之力的热情并未因此而消退。从 1991 年开始，我每年都会作为志愿者来华访问，参加中国各地举办的知识产权教育研讨会。这项活动一直持续到 2012 年，20 年间没有间断过。在此期间，我也在日本举办过一系列的培训活动，其中，早期参加该培训的一批中国留学生，现在仍然活跃于中国各大专利事务所，担任所长等要职。也就是在 2012 年，在这项活动的 20 周年之际，我有幸在北京受到了中国国家主席习近平（时任国家副主席）的接见。

二、与中华商标协会的相遇

2002 年，时任日本专利代理师协会会长笹岛富二雄先生，觉得有必要将中国的知识产权问题作为一个议题进行研究，于是决定设立一个专门的委员会，目的在于和中方就仿冒品等问题进行交涉，后来笹岛先生委托我担任委员长。为了和中方更加顺畅地围绕此问题进行交涉，我们最终将该委员会命名为"产业竞争力推进委员会"。我和笹岛先生既是多年的好友，又是早稻田大学的校友，而且在同一年通过了专利代理师资格考试，所以我们之间的情谊十分深厚。

我在该委员会成立前后访问了中国，并经由于春生律师的介绍，得到了中华商标协会领导的接见。中华商标协会是原中国国家工商行政管理总局的外部团体，协会会长是总局的原副局长，秘书长是原中国国家工商行政管理总局商标局的原副局长。就这样，我结识了管理中国商品流通的机关团体，这也在之后的仿冒品对策中发挥了有效作用。

当时，中华商标协会在中国很有名，但在海外却鲜为人知。于是，我向日本专利代理师协会的秘书长提议与中华商标协会签订交流协定，这也得到了笹岛会长的同意。记得在北京签署该协定之际，笹岛会长临时受日本国会邀请，需要在签署该协定的同一日作为日本专利代理师法修改的顾问参加国会活动。所以，笹岛会长不得不在签署协定的前一天，在北京与中华商标协会会长会面后，于当天傍晚紧急返回了日本。与此同时，我们邀请了曾担任过亚洲专利代理师协会会长和日本专利代理师协会会长的浅村皓先生来到北京，作为代理会长签署了协定书。就这样，在此后的 10 年里，我与中华商标协会的沟通越来越密切，也逐渐架起了中华商标协会与日本专利代理师协会之间沟通的桥梁。

之后，中华商标协会原会长李建中先生访问了日本。李建中先生一直对其访日期间日本专利代理师协会对中华商标协会一行的热情招待心存感激，所以在之后的日本专利代理师协会访华活动中，李先生都给予我们最热情的接待。还记得有一次，我应邀参加在武汉举办的中华商标协会年会，在欢迎宴上，我被安排在武汉市委副书记的邻座。当时也有很多日本银行界的金融精英代表出席了欢迎宴，可能大家以为我是什么厉害人物吧，晚宴期间纷纷过来与我交换名片，这也让我受宠若惊。

此后，中华商标协会蓬勃发展，每年都在中国的知名城市举办商标节和商标年会，集中推介全国各大企业和各地区品牌。我在 2005 年担任日本专利代理师协会会长期间，作为演讲嘉宾，在中华商标节年会上发表了主题演讲。在此后的年会上，我还曾数次邀请了日本法官访华演讲。通常，日本法官通过官方途径去海外参加活动必须获得日本最高院等司法机构的许可，但他们都通过申请休假，以私人的名义参加了中国的演讲。在那之前，日本的法官在海外演讲的机会很少，所以这在当时是很罕见的，当年中日两国民间交流的热烈程度也可见一斑。

后来，机缘巧合之下，我在日本知财学会❶和中国知识产权研究会之间、在日本知财学会和韩国产业财产权法学会（现韩国知识财产学会）之间，以及中国知识产权研究会和韩国产业财产权法学会之间，分别担任了中日韩学会签订交流协定的牵线搭桥人。当然，与中华商标协会的相遇，为日后中日之间知识产权活动的展开奠定了重要基础。

---

❶ 日本知财学会是成立于 2002 年 10 月的一个民间团体，主要由知识产权研究者和企业经营者组成，旨在促进以需求为导向的知识产权研究。该学会主页：https：//www.ipaj.org/。

三、建立亚洲知识产权学术网络

2006 年秋天，卸任日本专利代理师协会会长的职务，我回到曾经休学两年的早稻田大学研究生院继续学习。同年春天，在我还担任会长之时，与日本知财学会建立了关系，并受到邀请，在同年秋天成立了作为日本知财学会分会的"亚洲知识产权创新分会"。

之所以要成立该分会，是因为支撑亚洲知识产权活动的人才网络非常重要。2006 年的时候，虽然已经形成了政府、产业界和实务家层面的知识产权人际关系网络，但学者层面的人际关系网络尚未形成。而当时的亚洲各国，特别是韩国、中国，正处于效仿日本知识产权改革、将知识产权战略列入国家战略的阶段。在亚洲，知识产权实务家数不胜数，可研究人员和学者还是屈指可数的。但在制定国家政策时，学者意见却拥有很大的影响力，日本也是如此。从这一点来看，为了建立和完善亚洲的知识产权制度，我个人认为，亚洲知识产权学者间的交流也是不可或缺的。

于是，我首先在日本知财学会里设立了"亚洲知识产权创新分会"，举办系列研讨会，并邀请亚洲的知识产权相关学者和研究人员参加年会，构建人际关系网络，并以此为核心，逐渐扩大该人际关系网络。

在进一步推进该计划的过程中，我结识了韩国产业财产权法学会会长崔公雄先生和副会长尹宣熙先生。在韩国友人的介绍下，后期逐渐结识了很多韩国知识产权方面的专家学者，而尹宣熙先生的名字每次都会被提及。之后，因为和尹先生的交情，有了日本知财学会和韩国产业财产权法学会在 2008 年缔结交流协定的机缘。

当时，韩国终于将知识产权战略列为国家战略，开始进行大范围的改革。韩国为了参考日本的知识产权战略，邀请时任日本特许厅厅长的铃木隆史先生和刚刚卸任知识产权战略本部学者委员的我向韩国国会议员进行演讲，介绍日本的情况。会场设在汝矣岛（首尔汉江中州）的宪政纪念馆，一旁是韩国国会议事堂。韩国政府为了将知识产权战略作为国策，从而效仿日本制定的知识产权基本法，需要得到韩国国会批准。而为了得到权威议员的支持，韩国政府举办了此次演讲会。当然，这次演讲机会也是因为尹宣熙先生的推荐才得以实现的。

之后，韩国政府的知识产权制度改革进行得非常迅速，于 2009 年制定了实现知识产权强国的战略目标，2011 年通过了知识产权基本法。2013 年，韩国与美国签订了自由贸易协定（FTA），与美国专利制度并肩的知识产权政策也随之得以推进。姑且不论其内容好坏，进入 2010 年后，韩国率先于日本进行了知识产权制度的改革。当时，尹宣熙先生说："改革进行得太快，让我有些困惑。但我认为变化总比一成不变好。"这句话给我留下了深刻的印象。日本的知识产权历史虽然更长，但却很难像历史较短的韩国一样去进行这样一场变革。

就这样，日本知财学会和韩国产业财产权法学会的关系变得密切起来。另外，为了促进与中国的知识产权学术交流，我和东京大学的渡边俊也教授一同访华，在中国律师徐涵的协助下，中国知识产权研究会和日本知财学会也缔结了交流协定。2010 年缔结了中日之间的学术协定，2011 年又签订了中韩之间的学术交流协定，实现了中日韩知识产权学会之间的合作。在那之前，为了中日韩学会的合作，我每年都要访问韩国和中国数次，如今这个目标终于实现了。2011 年，参加在首尔举办的中韩学会交流协定的签署仪式时，我感触颇深。

2012 年在东京举行了中日韩第一次联席会议，在那里就今后交流的推进方式进行了协商。2013 年在北京召开了中日韩第一次联合研讨会，我被邀请作为讲师，以 "Efforts toward Harmonization of International Patent System" 为题进行了演讲。2014 年在首尔召开了联合研讨会，中日韩的"产学官"的权威人士参加了这一盛大活动。

2015 年，日本知财学会进行了新旧交替，我的朋友，同时也是东京大学教授的渡边俊也先生担任了会长一职。同年 12 月，在东京大学举办了由日本知财学会和日本特许厅主办的第三次中日韩学会的研讨会。当时，尹宣熙先生在演讲中说这次中日韩学会的研讨会多亏了佐藤先生的帮助，并通过展示照片介绍了这些年来的活动经过，对此我感到十分荣幸。在分组讨论中，韩国的教授发言说道："世界专利的八成都来自于中日韩和欧美，其中，中日韩的专利申请量占世界总量的五成以上。这样的话，世界专利中占主要地位的中日韩三国的共同合作，会使世界知识产权制度进一步向前发展。"通过一次次中日韩间的研讨会，我切身感受到三方的合作在不断深入，为此也备感欣慰。

四、受到时任中国领导人的接见

2012年4月，我有幸在人民大会堂受到中国国家领导人的接见。当年，正值中日邦交恢复40周年之际，以原众议院议长河野洋平为团长的访华团就此成立。同一时期，日本专利代理师中的有志之士组织的日中专利交流20周年访华团也成立了，曾经与中国有过密切交流的大部分专利代理师也都列席其中。担任过专利代理师协会会长的浅村皓先生、谷义一先生和我，则有幸作为专利代理师访华团的代表，在河野先生的邀请下，一起参加了此次接见。

这是很难得的一次机会。河野先生与浅村先生是早稻田大学的同窗，河野先生从浅村先生那里听闻，日本专利代理师中的有志之士从20多年前就开始作为志愿者访问中国各地，为培养中国知识产权实务专家而举办各类知识产权研讨会等活动。因此，河野先生提议，作为中日友好的见证，一定要向时任国家领导人展示这一活动，从而促成了这次会面。

当时因为有钓鱼岛的问题，日本很多政治家和政府高官都没有机会与中国首脑见面。那时，我们还担心此次接见活动会不会临时取消。不过幸运的是，座谈会在人民大会堂如期举行。会上，浅村先生汇报了近20年间对中国知识产权人才的培养活动。对此，中方在表达感谢的同时，也表示希望浅村先生今后继续致力于同中日两国知识产权人才的交流活动。

如前所述，1986 年，专利代理师中的有志之士为了解中国的专利制度而访问中国，这是中日知识产权交流的开端。之后为了培养中国的知识产权人才，自 1991 年以来，和中华全国专利代理人协会合作，在中国各地举办知识产权研讨会。这一活动能够长期持续下去，多亏了那段时间作为代表干事一直辛苦付出的专利代理师黑濑雅志先生的帮助。

持续了近 20 年的知识产权研讨会，是由日方派出作为知识产权专家的律师和专利代理师，以及日本企业中的知识产权部长担任讲师，中方也派出相应人员作为讲师，一同面向地方的知识产权实务人员进行演讲培训。中日两国的知识产权人士聚在一起，在讨论法律问题的同时，还会就如何在企业中灵活运用知识产权展开讨论。培养知识产权人才，对于正确理解和运用知识产权是必不可少的，同时也是为了帮助在中国的日本企业。这在某种意义上属于双赢。

五、和早稻田大学 MBA 学生们的故事

2007 年，早稻田大学商学院改组为商学学术院的专业研究生院，开设了知识产权管理的讲座，我担任了该讲座一部分内容的外聘讲师。从 2009 年开始，我开始作为客座教授，讲授知识产权管理的课程。

这一课程的学生都是有社会经验的人士。大企业的科长助理、政府机关的系长、中小企业的接班人以及海外留学生等，大多是边工作边上大学的人。和通常院系的学生不同，他们都是想通过在这里的学习实现进一步飞跃，所以学习的热情十分高涨。企业派遣的学生必须将成果带回去，支付了高额学费的学生也想不虚此行，所以大家都是带着极大的热情来上课的。我也切身感受到了这点。我认为，比起学术性的授课，这批学生更需要实务性的授课内容。

知识产权的世界瞬息万变。几年前的经验，可能现在就行不通了。

所以每年伊始，我都必须调整修改前一年的授课内容。

2009 年时，班里讨论过中国在技术上追上日本需要多长时间的问题。多数日本学生认为，日本从明治维新到现在，经过了 100 年以上的积累。中国要想赶上，至少需要 20 年吧。而多数中国学生认为不需要那么长时间，他们说："如果和日本做一样的事情，可能需要 20 年以上。但是，如果去购买日本的技术，就不需要那么长的时间。"从日本学生和中国学生的不同观点，可以看出日本人和中国人的区别。中国学生如果有做不到的事情，就会向外寻找能做到的方案。与此相对，日本学生更倾向于认真思考如何改善现状。

当年，日本的技术能力相较于中国还处于压倒性的优势。但是现在，日本的生活必需品大多是产自中国。过去中国的产品价格虽然便宜但是质量略差，而现在不同了，现在的中国产品不仅价格便宜，质量也有了大幅度提高，可以选择的产品种类大大增多。日本企业出口海外的产品中，来自中国的生产代工（OEM）产品也逐渐增加。这个变化是在短期内发生的。2011 年，中国超过美国、日本，成为世界上专利申请量最多的国家。

我的课程目标是学习如何对知识产权创造循环（即知识的创造、保护和利用）进行管理，以便在事业战略、研究开发战略和知识产权战略三位一体的企业战略中获得竞争优势。此外，还要学习如何通过管理从而在最佳商业模式中实现知识产权的灵活运用等实践意义上的"知识产权管理"。

具体来说，在这门课程中，不仅研究知识产权的创造、权利化、灵活运用等管理的基本结构，还会邀请在企业中实际负责知识产权业务的本部长级别的人作为特约讲师，来相互交流和学习今后知识产权管理应有的形态。根据产业领域不同，企业的知识产权战略也会有很大差异。我们其实很少有机会能了解到电机、汽车、化学材料、制药等多个产业领域的企业在实际经营过程中真正的知识产权战略是什么，更没有机会对其进行比较研究。所以我的这门课，每年都是非常受学生们的欢迎。

来自经营东京迪士尼乐园的东方乐园株式会社的一位学生，在讨论迪士尼的知识产权时，曾有过有趣的说法——"迪士尼乐园是宗教的世界。我们要做的就是保证游客只要待在迪士尼乐园里，就能体会到绝对的幸福感。"这一特别的观点令周围的学生十分震惊。最后他以第一名的成绩毕业了。

我很期待这一代的年轻人，期待他们能为日本、为世界经济带来更多的活力。

参考文献

［1］『真珠王ものがたり』/乾淳子編（伊勢志摩編集室/伊勢文化舎）.

［2］〔韓国が日本のイチゴ品種を持ち出し時刻で稼ぐ〕プレジデント・オンライン/2018 年 2 月 12 日号.

［3］〔産・学・農協の連携で進む農業ロボット〕日本経済新聞電子版/2015 年 3 月 2 日.

［4］『SHOE DOG　靴にすべてを』/フィル・ナイト著（東洋経済新報社）.

［5］〔21 世紀型の新たな成長戦略に向けて　高付加価値型ベンチャー企業の簇業〕「公益社団法人日本ニュービジネス協議会連合会」、「一般社団法人日本ベンチャーキャピタル協会」、「日本ベンチャー学会」三団体緊急提言.

［6］〔「起業の聖地」にも狙い　ミッドタウン日比谷開業〕日本経済新聞電子版/2018 年 3 月 29 日.

［7］『生み出す力』/西澤潤一著（PHP 新書）.

［8］『独創は闘いにあり』/西澤潤一著（プレジデント社）.

［9］〔病理医不足を AI 画像診断サービスで改善、九大発メドメインが1 億円を調達〕「TechCrunch」/2018 年 8 月 17 日.

［10］〔中国・無印良品のパクリが商標権侵害勝訴の謎〕『日経ビジネス』/2018 年 11 月 9 日.

［11］〔中国「無印」商標訴訟で良品計画が敗訴　1 千万円支払い〕朝日新聞デジタル/2019 年 12 月 13 日.

［12］〔「ダーウィンの海」についての一考察　リチウムイオン電池発明から市場形成まで〕「産学官連携ジャーナル」/2017 年 12 月号　研究者リレーエッセイ.

［13］〔ノーベル化学賞・吉野彰氏の予言「バズワードは実現する」〕ダイヤモンド・オンライン/2019 年 10 月 10 日.

［14］『野生化するイノベーション「失われた20年」を超える』/清水洋著（新潮社）2019 年.

［15］『イノベーションのジレンマ　技術革新が巨大企業を滅ぼすとき』Harvard business school press 増補改訂版　クレイトン・クリステンセン著/玉田俊平太監修　伊豆原弓訳/翔泳社/2001 年.

［16］〔2017 年の特許出願数、中国が日本を抜いて2 位に――3 年以内に米国を上回りトップへ〕「CNET Japan」/2018 年 3 月 22 日.

［17］〔国際特許出願、中国が初の首位　米を逆転・アジア勢が技術革新をけん引〕日本経済新聞電子版/2020 年 4 月 7 日.

［18］〔日本は中国に負けない知財制度を　荒井寿光氏〕日本経済新聞/2018 年 12 月 6 日.

［19］〔日本の特許戦略、40 年進まず　知財・経営一体で成長を〕日本経済新聞/2019 年 10 月 14 日.

［20］〔「赤字が常識」の創薬ベンチャーが、なぜ4 期連続最終黒字を達成できたのか　ペプチドリーム・窪田規一社長に聞いた創薬ビジネスの将来〕会社四季報オンライン/2014 年 11 月 10 日.

［21］〔知的財産の力で中小企業を活性化―中小企業のための知的財産戦略〕「知財管理」vol63 No7/2013 年.

［22］〔起業家と連携、地域課題解決　神戸モデルを全国に〕日本経済新聞電子版/2019 年 11 月 22 日.

［23］〔海外応募、国内上回る　神戸市の起業家育成プログラム〕日本経済新聞電子版/2018 年 10 月 27 日.

［24］〔ノーベル化学賞受賞記念講演「リチウムイオン電池の開発経緯とこれから〕サイエンスポータル/2019 年 11 月 1 日.

［25］〔「地理的表示」で八丁味噌の乱　老舗 VS 愛知全域　中国が漁夫の利も〕産経ニュース/2018 年 2 月 19 日.

后　记

　　本书的成书契机，是源自于福岛民报社社长高桥雅行先生的一席话——知识产权虽然很重要，但相当难理解、能否写一些即便是普通大众也能理解的有关知识产权的小故事呢。福岛出生的我，受高桥先生的邀请，便从 2017 年开始，每周五都会在《福岛民报》上连载"知产笔记——知识创造财富"系列文章，本书便是对这些系列文章的整合汇总。为了能够让更多的、尚未与知识产权产生交集的人士也能了解知识产权的前世今生，特将"知产笔记"的系列文章编纂成册，献给日本以及中国的各位读者朋友。

　　在我的故乡——福岛，自 2011 年东日本大地震以来，至今仍有许多人因为核泄漏问题不能重回故里。因为核泄漏事故的处理需要大概 30 年的时间，所以在这种情况下，我们迫切地希望通过知识产权催生出一批能为地方带来更多就业的企业和产业，以盼故乡早日恢复往日的活力。带着助家乡振兴一臂之力的想法，我从 2017 年开始，每周都在坚持着"知财笔记"这一专栏的写作。

　　作为专利代理师，我与知识产权结缘已有 40 多年了。在内心深处，我也怀揣着想把这份经验之谈记录下来并留给后人的心情，所以才将这一专栏写作坚持至今。当然，也是由于新闻专栏这一灵活的形式，有很多来自各行各业的热心读者告诉我说"我看过了哟"，这也成了大家对自己的莫大鼓励。也有很多读者，在这之前与知识产权并无交集，通过此专栏，从此便与知识产权产生了不解之缘，并对知识产权产生浓厚的兴趣。甚至还有读者说，打开知识产权这扇窗，看到了自己之前未曾留意过的精彩世界。

2018 年 7 月，日本专利代理师协会在福岛县郡山市召开了一场面向中小企业经营者的知识产权研讨会。这场研讨会虽然是在地方举办的，但是在相关人员的努力下，当天竟然迎来了 250 多人的与会者，全场座无虚席，甚至有部分热心人士因为会场爆满没有座位站着参加了全程的研讨会。所以，全国各地的市、县以此为契机，和日本特许厅联动起来，掀起了一股席卷各地的活用知识产权热潮。我们也期待通过这股热潮促进地方经济复苏。

2020 年 1 月左右爆发的新型冠状病毒肺炎疫情，以迅雷不及掩耳之势席卷了全球，本计划于 2020 年夏季举行的东京奥运会也延期到了 2021 年。减少外出、远离"三密"（密闭、密集、密切接触）等因素限制了经济活动的展开，也给世界经济带来了很大的冲击。所以今后如何实现经济复苏，这对于年轻一代而言也是一个很大的课题。

正如在专栏文章中提到的，知识产权定会成为开启新世界大门的钥匙。我衷心地希望，能够通过活用知识产权来克服当前的困难。如果知识产权能对新型冠状病毒肺炎疫情过后的世界发挥助力的话，我会喜不自胜。也衷心地希望此部拙作能给中国的读者朋友们带来一些新的思考。

最后，非常感谢福岛民报社的羽田朋彦先生和管野龙太先生，正是因为二位先生的大力支持，"知产笔记"系列文章才得以以专栏的形式在福岛民报上连载。而且，在继《知财笔记——在 40 年的潮流中》之后，也对新潮社图书编辑室川上浩永先生对本书的支持表示衷心感谢。

2020 年 8 月